本书由以下平台与项目共同资助：

教育部人文社会科学重点研究基地重庆工商大学成渝地区双城经济圈建设研究院（长江上游经济研究中心）

重庆现代商贸物流与供应链协同创新中心

重庆市社会科学规划立项项目（2020ZDGL07、2020ZDSC07）

重庆市技术预见与制度创新项目（CSTB2022TFII-OFX0014，CSTB2023TFII-OFX0010）

QUYU KECHUANG ZHONGXIN JIANSHE DE

CHUANGXIN SHENGTAI
XITONGLUN

区域科创中心建设的创新生态系统论

——基于成渝地区双城经济圈的分析

龙 跃 ◎著

中国财经出版传媒集团

经济科学出版社

Economic Science Press

·北京·

图书在版编目（CIP）数据

区域科创中心建设的创新生态系统论：基于成渝地区双城经济圈的分析/龙跃著. －－北京：经济科学出版社，2024.1

ISBN 978 - 7 - 5218 - 5502 - 9

Ⅰ.①区…　Ⅱ.①龙…　Ⅲ.①新兴产业 - 产业发展 - 研究 - 中国　Ⅳ.①F269.24

中国国家版本馆 CIP 数据核字（2024）第 009259 号

责任编辑：李　雪
责任校对：徐　昕
责任印制：邱　天

区域科创中心建设的创新生态系统论
——基于成渝地区双城经济圈的分析
龙　跃　著

经济科学出版社出版、发行　新华书店经销
社址：北京市海淀区阜成路甲 28 号　邮编：100142
总编部电话：010 - 88191217　发行部电话：010 - 88191522
网址：www. esp. com. cn
电子邮箱：esp@ esp. com. cn
天猫网店：经济科学出版社旗舰店
网址：http://jjkxcbs. tmall. com
固安华明印业有限公司印装
710×1000　16 开　14 印张　210000 字
2024 年 1 月第 1 版　2024 年 1 月第 1 次印刷
ISBN 978 - 7 - 5218 - 5502 - 9　定价：69.00 元
（图书出现印装问题，本社负责调换。电话：010 - 88191545）
（版权所有　侵权必究　打击盗版　举报热线：010 - 88191661
QQ：2242791300　营销中心电话：010 - 88191537
电子邮箱：dbts@ esp. com. cn）

前　　言

本书是 2020 年度重庆市社会科学规划立项项目《创新生态系统视域下推进中国西部（重庆）科学城发展研究（2020ZDGL07）》《成渝地区双城经济圈：成渝绵科创金三角建设研究（2020ZDSC07）》等综合研究成果。

区域科技创新中心（以下简称区域科创中心）是国家创新网络中的重要节点，在特定科技创新与产业创新领域发挥引领作用，其建设的核心内容是科学城与科创走廊。本书以成渝地区双城经济圈为研究对象开展研究，具体以西部（重庆）科学城和成渝绵科创走廊为具体研究对象，相关研究涉及科学城建设与科创走廊两个核心部分。

1. 对西部（重庆）科学城的研究

西部（重庆）科学城是西部科学城的重要组成部分，是成渝国家科技创新中心的主阵地之一。以创新驱动为重要引擎、构建健全的创新生态体系是其实现创新引领发展的重要途径。然而，通过调查研究，对比分析北京、上海、武汉等国内典型科学城发现，西部（重庆）科学城作为新建科学城，在创新平台建设、创新主体能级、创新生态环境、创新网络链接等方面尚不健全，其生态体系面临创新支撑力不足、可持续发展能力不强的问题。因此，如何健全西部（重庆）科学城在各创新生态位的建设，完善区域创新生态系统，将其打造成引领区域、辐射全国、链接全球的科技创新中心，是西部（重庆）科学城面临的重大挑战。

本书以解决上述问题为出发点，融合创新生态系统、生态位等前沿理论，构建创新生态系统视域下重庆科学城发展的概念模型；通过对科学城管委会、科学城核心区高新技术企业等进行专家访谈，开展调查研究，对比北京、上海、武汉等国内典型科学城，剖析西部（重庆）科学城发展现状及问题。基于西部（重庆）科学城建设时间短的现实，按照"举全市之力、集全市之智"的建设原则，采集我国30个省市（港澳台和西藏除外）科技统计数据（2011~2020年），构建区域创新生态系统研究数据库，并从创新生态系统视角对比分析区域创新生态系统生态位适宜度及进化动量，同时，基于改进的GM(1, 1)系统模型对2021~2025年重庆区域创新生态学系统生态位适宜度及生态要素权重演化趋势进行预测，进而探究区域创新生态系统发展的核心前因条件及组态路径，探讨西部（重庆）科学城的发展对策。在此基础上，为政府主管部门、科学城管委会、高新技术企业等提出推动西部（重庆）科学城发展对策建议，为构建可持续发展的西部（重庆）科学城创新生态系统提供理论参考。针对西部（重庆）科学城研究的学术价值、应用价值与其他方面主要表现在：

在学术价值方面，一是深化传统的区域创新生态系统理论研究。本书融合区域创新生态系统、生态位适宜度等前沿理论，吸收高质量发展理论中的部分思想，构建创新生态系统视域下科学城发展的理论分析框架，深化了生态位、区域创新生态系统等传统理论的交叉融合研究。二是拓展交叉研究方法。结合实地调查研究，对比分析区域创新生态系统生态位适宜度及进化动量，通过改进的 GM（1，1）系统模型预测其生态位适宜度演化趋势，结合基于模糊集定性分析法（fsQCA）揭示科学城发展的核心前因条件及组态模式，拓展了生态位、创新生态系统等交叉研究方法。

在应用价值方面，一是契合时代发展的主题，以探究科学城发展的关键因素及作用机理为导向，从创新生态系统视角下提出推动西部（重庆）科学城发展对策，实现多种理论与方法的融合，具有选题新颖、多种研究方法交叉融合等特点，对接了该领域的发展前沿，为科学城发展的战略决策提供了理论参考。二是结合西部（重庆）科学城新建的现实特点，从体系、人才、平台、机制等方面提出区域创新生态系统的对策建议，为相关决策机构提供理论借鉴，助推西部（重庆）科学城发展。

在其他方面，一是研究视角的独特性。本书基于创新生态系统视角探讨如何有效推动西部（重庆）科学城发展，在选题的研究视角方面具有一定的独特性。二是研究方法的独特性。本书将调查研究与实证研究相融合，采取熵权法对比分析西部（重庆）科学城的生态位适宜度及进化动量，构建 GM（1，1）模型预测其生态位适宜度演化趋势，融合多因素分析法和 fsQCA 分析法，探究科学城发展的核心前因条件及组态路径，进而提出西部（重庆）科学城发展对策，实现了多种研究方法的交叉融合，具有一定的独特性。

2. 对成渝绵科创走廊的研究

中共中央、国务院印发《成渝地区双城经济圈建设规划纲要》提出"成渝地区双城经济圈"要建设成为具有全国影响力的科技创新中心，重庆、成都、绵阳是成渝地区双城经济圈科技创新的主战场。以创新驱动为重要引擎、构建耦合度良好的区域协同创新生态系统，是其实现创新引领发展的重要途径。然而相对于京津冀、长三角、粤港澳等国内"先发"典型科创中心，成渝绵科创走廊地处西部、区域耦合协调发展时间短、区域耦合协调发展程度低，成渝绵科创走廊在创新供给、供需匹配等方面存在不足。因此，如何构建区域创新生态系统发展的理论分析框架、揭示系统耦合协调发展机理、明确建设路径是成渝绵科创走廊建设的难题，也是区域创新生态系统理论研究面对的新课题。

本书以解决上述问题为出发点，融合区域创新生态系统、系统动力学、区域一体化等前沿理论，构建成渝绵科创走廊区域创新系统的耦合协调模型；通过对成渝绵地区科技主管部门、科学城管委会、专家学者等进行相关人员访谈，开展调查研究，对比京津冀、长三角、粤港澳等国内典型科创中心建设路径，明确成渝绵科创走廊发展现状，指出成渝绵科创走廊在地区科技投入、技术转移、技术应用、创新环境等方面尚不健全或不足，系统内及系统间耦合协调度不高等诸多问题。在此基础上，采集成渝绵地区科技统计数据（2011—2020年），构建成渝绵科创走廊研究数据库，并从创新生态系统视角对比分析成渝绵科创走廊的系统内及系统间的耦合协调度。由此，为地区科技主管部门、科学城管委会等提出成渝绵科创走廊一体化发展建设的对策建议，为构建可持续发展的成渝绵区域创新生态系统提供理论参考。针对成渝绵科创走廊研究的学术价值、应用价值与其他方面主要表现在：

在学术价值方面，一是深化传统理论研究。本书结合区域创新生态系统、系统动力学、区域整合等相关理论，建立区域创新生态理论体系，构建了区域创新系统的耦合协调模型，探索科技投入、技术转移、技术应用、创新环境等在分散与一体化情境下的耦合发展，深化了区域创新生态系统、系统动力学、区域一体化等传统理论的交叉融合研究。二是拓展交叉研究方法。结合实地调查研究，从系统动力学理论入手，探讨了成渝绵科创走廊创新生态系统内及系统间相应子系统的耦合协调，拓展了系统动力学、区域创新生态系统等交叉研究方法。

在应用价值方面，本书契合时代发展的主题，以探究成渝绵科创走廊发展的关键因素及作用机理为导向，探讨了成渝绵科创走廊建设对策，实现多种理论与方法的融合，具有选题新颖、多种研究方法交叉融合等特点，对接了该领域的发展前沿，从人才、平台、机制等方面提出成渝绵科创走廊建设对策，为构建可持续发展的成渝绵地区科创走廊及创新生态系统提供理论借鉴，在辅助成渝绵地区科创走廊战略决策、管理等方面有一定的参考价值。

在其他方面，一是研究视角的独特性。本书基于创新生态系统视角探讨如何有效推动成渝绵科创走廊的发展，在选题的研究视角方面具有一定的独特性。二是研究方法的独特性。本书将调查研究、实证研究、统计分析相融合，建立成渝绵创新生态系统的耦合协调模型，并对成渝绵区域创新生态系统进行综合评价，采取熵值法计算分析成渝绵地区创新生态系统中各子系统的相应耦合协调度，揭示其区域创新的耦合协调情况，进而提出成渝绵科创走廊的发展对策，实现了多种方法的交叉融合，具有一定的独特性。

综上所述，本书以西部（重庆）科学城和成渝绵科创走廊为研究对象，从创新生态系统的视角重点探讨了区域科创中心的建设思路、机理等，为区域科创中心建设提供了理论与经验参考。

目　　录

第 1 章

引　言

党的十八大以来，中央把创新作为引领发展的第一动力。党的十九大报告提出："我国经济转向高质量发展阶段，创新是引领发展的第一动力。"党的二十大报告指出："必须坚持科技是第一生产力、人才是第一资源、创新是第一动力，深入实施科教兴国战略、人才强国战略、创新驱动发展战略。"

2020年1月，中央财经委员会第六次会议正式提出，推动成渝地区双城经济圈建设，将使成渝地区成为具有全国影响力的重要经济中心、科技创新中心等，在西部形成高质量发展的重要增长极。这是我国继京津冀、粤港澳、长三角之后首次提出的第四个地区发展"增长极"，其目的是推动我国不同区域协调发展。同年5月13日，重庆市委常委会召开会议强调：规划建设西部（重庆）科学城，是贯彻落实习近平总书记重要指示要求、推动成渝地区双城经济圈建设的重大部署。同年10月中央审议发布的《成渝地区双城经济圈建设规划纲要》指出，要唱好"双城记",联手打造内陆改革开放高地,共同建设高标准市场体系,营造一流营商环境。

为落实中央部署,2020年5月,重庆市委常委会召开会议强调:要深入把握"具有全国影响力的科技创新中心"等深刻内涵,坚持"一城多园"模式,增强协同创新发展能力。2020年7月,四川省委全会提出:要以成都科学城、绵阳科技城为主要承载区,以"一城多园"模式与重庆共建中国西部科学城,打造成渝绵"创新金三角"(即本书所指成渝绵科创走廊)。2021年12月,成渝签署《西部(重庆)科学城管委会、西部(成都)科学城管委会共同助推西部科学城建设战略合作协议》,两地将发挥创新平台优势和引领示范作用,建设我国科技创新"第四极",形成"科创走廊",打造"科学高峰""科技高地",引领西部、辐射全国、面向全球。

要建设具有全国影响力的区域科技创新中心(以下简称区域科创中心),关键是建设好科学城与科创走廊。研究表明,在实施创新驱动发展战略方面,亟需优化创新生态、提高创新效能,从创新生态系统视角研究区域科创中心建设路径。

一方面,纵观全球,要建设高质量的科学城,关键是抓好创新。在创新引领西部(重庆)科学城发展的新情境下,科学城创新生态系统作为一种区域创新生态的主要形式,迫切需要高质量发展,亟需高创新供给、高供需匹配。但西部(重庆)科学城地处重庆,其核心区是原重庆高新区,作为新建科学城,面临创新供给能力不足、创新供需结构性失衡等诸多问题。因此,如何构建科学城创新生态系统的理论分析框架、揭示高质量发展机理、明确发展对策是科学城发展与区域创新生态系统研究面对的新课题，对于推进西部（重庆）科学城高质量发展意义重大。

另一方面，放眼全球，集聚创新要素，利用各种交通要道形成科技创新走廊，已经成为区域协同发展的重要路径。如波士顿地区走廊（128 号公路）、旧金山硅谷走廊（101 号公路）、东京筑波走廊、伦敦剑桥走廊等成为世界科技创新的聚集地。在国内，广深港澳科技创新走廊、杭州城西科创大走廊、上海松江 G60 等科创走廊相继涌现，科创走廊成为国内科技创新及产业集聚的新型发展路径。与国内外成熟的创新区域比较，成渝绵科创走廊建设尚处于初级阶段，要将成渝地区双城经济圈建设成为全国有重要影响力的科技创新中心，必须充分发挥好成渝绵科技创新策源地作用，充分释放区域创新潜能。2021 年成渝签署《西部（重庆）科学城管委会、西部（成都）科学城管委会共同助推西部科学城建设战略合作协议》，指出进一步推动成渝高质量发展，既要以交通一体化加强外联内通，也要促进技术、资金、人才、数据等优质要素流动。创新引领高质量发展的新情境下，成渝绵科创走廊建设的内在本质是构建并发展区域创新生态系统。但成渝绵科创走廊地处西部、协同创新发展的时间短，面临高端创新供给缺乏、创新供需结构不平衡、创新政策支撑力度不够、协同创新体制机制不畅、区域创新生态不优等诸多问题。因此，要形成具有全国影响力的科技创新中心，如何建造区域协同创新发展的框架、应用系统耦合发展机制、明确建设路径是成渝绵科创走廊建设的难题，也是区域创新生态系统理论研究的新课题。

1.1 科学城发展现状及相关研究

文献研究显示，从创新生态系统视角研究西部（重庆）科学城发展的相关成果不多，但区域创新及科学城、创新生态系统及区域创新系统、高质量发展与创新等相关研究为本书提供了有益参考。

1.1.1 科学城的概念界定

自熊彼特（Schumpeter，1912）率先提出创新概念后，经历技术推动、市场拉动、技术市场耦合、集成、创新系统化与网络化等研究（Rothwell，1992）；作为一个复杂过程，创新的本质是要素的非线性重组（Russell et al.，2018），从系统的角度开展研究得到重视，创新系统（Lundvall，1985；Freeman，1987）、创新生态系统（Ander，2006；曾国屏等，2013；陈劲等，2019）等相关研究得到持续拓展。董旭等（2019）指出科学城是以基础科学研究为目的，专门设置科学研究和高等教育机构的城区，实施区域创新是该类城区的主要任务。科学城的创新是一种特殊的区域创新，费曼（Furman，2002）较早开展区域创新研究，将其能力定义为区域在长期内生产"new-to-the-world"技术流及使其商业化的能力。但传统体制回归、路径依赖等容易导致园区阶段转换障碍（Vergne et al.，2010）。卡马尼（Camagni，2013）强调了区域的创新基础、创新环境、产学研联系的质量等在区域创新能力形成中的重要性。姚程等（2018）指出城镇化水平对创新产出有显著的正影响。欧光军（2018）等指出区域创新包括自然属性与社会属性，从生态学视角优化创新生态环境、创新生态系统结构等可以提升创新能力。范斐等（2020）指出区域协同创新有利于促进区域间创新要素流动和合理配置。由此可见，科学城的创新是一个综合概念，从系统、地理等角度开展研究得到持续关注，而从生态视角并基于创新生态系统开展研究逐渐得到重视。

当代科学城的建设已经成为一个国家（或地区）在科技创新领域参与竞争的重要载体，是巩固和加强创新战略地位的新阵地。文献研究表明，科学城建设起源于 20 世纪 40 年代，卡斯特（Castells，1992）通过观察早期科学城的建设与发展，认为科学城是严格意义上的科学研究综合体，与制造业没有地域上的直接联系，其功能定位是产出超高水平的科研成果。而科学城的发展历程则表明，在其建设过程中，科学研究、成果转化、产业创新和地区发展等各层面联系密切，这也成为科学城发挥辐射和带动作用的关键。

随着全球科学城建设的推进，其理论研究也在不断深入。在科学城的发展模式研究方面，钟坚（2001）从目标与规划、开发与建设、管理与运营、发展与成效 4 个方面对日本筑波科学城的发展模式进行了研究，通过对比分析，总结了其与美国硅谷在发展模式上存在 7 个方面的差异，认为这些差异是推动筑波科学城发展的主要因素。周娟（2011）从推动主体、成长路径、利益相关方、产业网络定位4个维度，研究欧洲Kista科学城创新创业集群发展模式的特征，提出了推动中国科学城发展的三条建议，即专业化选择性集群、完善产业环境、建立共识与制衡治理体系。卫平等（2019）从创新生态系统视角，比较硅谷、筑波科学城和清华科技园的创新生态系统融合发展模式，发现硅谷是基于技术创新的集群演化模式，筑波科学城是基于政府引导产学研合作模式，而清华科技园则是基于创新孵化技术融合模式，并进一步从创新生态系统的路径选择依赖性和自组织性两个方面探讨了创新孵化技术融合发展模式的影响因素。在科学城管理建设方面，肖刚（1999）通过透析科学城的内涵，对广州科学城的功能结构和功能特点进行了研究，并提出建设广州科学城的合理步骤。张秉耀（2018）通过对怀柔科学城发展的研究，认为科学城的高质量发展亟需充分借助信息技术的优势，开发利用信息资源，提高信息化管理服务水平。张俊（2019）通过文献理论研究、实证研究、比较研究等方法对广州科学城与纬壹科学城的规划、管控经验进行总结，并全面剖析广州科学城目前转型升级中规划、管控方面所面临的问题与挑战，并对我国创新导向下科技园区规划管控提出相应的建议。

1.1.2 科学城发展模式及演化历程

纵观全球，建设科学城是世界主要发达国家强化基础科学研究的战略部署，已得到世界各国普遍重视。典型模式包括：

（1）单一功能园区模式。这类科学城集中出现于 20 世纪 40~60 年代之间，以美国橡树岭国家科学实验室为代表。该模式的实施主体为国家，利用政策驱动，侧重于发展重大科学装置，一般通过国家行政力量聚集科学技术研发机构、教育机构、科技人才实现科学研究的突破与科学城的发展。考虑战略隐蔽性，这类科学城通常设立在隐蔽的山区或者不发达的城市地区，园区内部只配有宿舍、食堂等基本生活设施。

（2）功能多元的城区模式。这类科学城集中出现于 1960~2000 年，以日本筑波科学城为代表。该模式的实施主体多为国家及地方政府，利用政策驱动和投资驱动，侧重于重大科学装置、科研机构和大学等要素互动。这类科学城大多拥有良好的高新技术产业发展基础和相对完善的城市基础设施，通过大科学装置和科研机构的植入，提升地区乃至整个国家的竞争力。

（3）产学研一体的城市模式。这类科学城集中出现于 2000 年以后，以中国北京怀柔科学城为代表。该模式的实施主体多为国家、地方政府及市场，利用政策驱动、投资和创新驱动，侧重发展大科学装置、科研机构、大学以及市场，实施集群导向、全球联系。这类科学城旨在将科学技术与所在城市的资源禀赋相结合，置于现有的大都市区中，加强对科学研究、技术应用、创新创业的联动，促进产业结构向高新技术导向转型，通过科技与产业的结合，形成大都市区尺度的科学城，引领经济社会发展。

基于上述分析发现，现在科学城发展的核心本质就是科技创新驱动发展，科学城的发展具有以下特点：一是建设目的从战争武器科技研发转化为基础科学带动城市经济发展；二是选址规律从远离都市到贴近都市中心；三是建设主体从单一的政府完全承担演变成为政府与民间资本合作共同推动建设；四是功能板块从单纯的大科学装置、科研机构集聚园区逐渐演化成为产学研一体、复合多元的科学城市。

1.2 区域创新发展现状及相关研究

文献研究显示，成渝绵科创走廊属于区域创新范畴。科创走廊的相关研究涉及区域创新概念界定、区域创新发展模式特点、区域创新演化历程等方面的内容。

1.2.1 区域创新的概念界定

创新的概念最早由熊彼特（1912）提出，他认为创新是将在生产体系中引入生产要素和生产条件的"新结合"。英国教授库克（Cooke，1992）最早提出了区域创新的概念，他认为区域创新体系由主体要素、功能要素、环境要素三个部分构成，具有输出技术知识、物质产品和效益三种功能。此后，学者们针对区域创新的创新主体和创新链进行了更加深入的研究并加以诠释。在创新主体方面，余冬筠等（2014）将企业、高校和科研院所作为三大区域创新主体，对它们的创新效率及影响因素进行比较研究。叶一军等（2014）认为创新主体还包括政府及中介机构。易平涛（2016）从企业、大学及科研机构、中介机构，以及地方政府三个层面构建指标，对区域创新能力进行评价。在创新链方面，田桂玲（2007）认为产业创新链是由创新主体及其研发机构按照一定的价值关系组合而成，从而提升产品的价值，营造成本领先、产品差异化的优势，打造产业新的价值空间、拓展产品链或产业链，增强产业链的核心竞争力。范旭（2020）认为创新链上的主体之间是一种协作关系，拥有共同的目标，各主体间的协作直接影响整个创新链的衔接和整体运行状态。因此，区域创新的创新主体包括企业、高校、科研院所、政府以及中介机构，并且主体之间相互协作，从而促进区域创新的发展。

依托区域创新相关研究成果，学者对科学城、科创中心、科创走廊等区域创新组织形态开展了持续研究。

以创新主体为点、以创新链为边，它们之间构成区域创新网络，由此形成科学城、科创走廊和科创中心等区域创新形态成为学者研究的热点问题。研究表明，科创中心建设有助于"次创新城市"将自身所拥有的创新资源进行转化与应用，避免创新资源的浪费。郑小碧（2015）以永嘉科创中心为研究对象来研究区域创新平台的供给与定价机制。王红云（2016）以中关村科学城创新系统作为区域创新系统来分析企业创新力并研究其影响因素。徐赛（2018）研究雄安新区区域创新体系建设，借鉴日本筑波科学城区域创新体系建设经验，为雄安新区区域创新体系建设提供方向与对策。龙开元（2004）基于行政区域的背景提出了跨行政区创新体系概念，该体系是跨行政区划的一种区域创新体系，是由不同行政区内的有着密切联系的企业、科研院所、大学以及政府在相互作用下形成的一种跨行政区划的区域。科创走廊是一个地域性的、完整的科技创新生态系统（蔺雷等，2014）。科创走廊是区域创新网络的一种空间组织形式，是指创新要素高度集聚、高端人才资源汇集、新兴产业创业密集、创新文化氛围浓厚、创新支撑作用明显的重点发展区块；区域创新走廊是在政府和市场力量的支配下，创新资源有序流动所形成的创新成果扩散路径（毛艳华，2022）。科创走廊打破了以往科创中心一城带动周边多城的传统局势，以两个科创中心为点，连接成一个创新主轴，形成一个创新经济带，带动经济带上各城市的发展，辐射范围更加宽泛。

基于区域创新的理论研究成果，学者们对京津冀、长三角、粤港澳大湾区等典型区域创新开展了持续探讨。

鲁继通（2015）基于协同创新理论，采用复合系统协同度模型，构建评价京津冀区域创新生态系统创新协调能力的指标评价体系，测度其整体协同度。毛汉英（2017）从政策入手进行研究，分别从区域产业协同发展、区域要素市场一体化、区域协同创新等机制与政策、区域公共服务共建共享机制与政策和区域横向生态补偿机制与政策等 5 个方面探讨了他们与京津冀区域创新机制之间的关系。方创琳（2017）结合博弈论、协同论、耗散结构论和突变论，分析了京津冀城市群协同发展的规律性。

侯赟慧（2009）借鉴引力模型思想，运用社会网络分析方

法，揭示了长三角 16 个创新城市群之间的经济关系。付丙海
（2015）基于开放式创新理论和资源基础理论，引入双元性创
新这一中介变量，构建了创新链资源整合、双元性创新和创新
绩效的关系模型，对长三角地区创新企业如何提高创新绩效提
出了建议。刘潇忆（2019）分析了长三角科创走廊存在的多核
心的空间结构、产学研紧密结合、行政壁垒削弱、发挥上海溢
出效应等特点，并从完善跨区域创新协调管理机制、缩小地区
间创新资源差异、完善基础设施、引进优质创新要素与提高创
新成果转化率、优化区域创新网络等方面提出了改进举措。辜
胜阻（2018）考虑到粤港澳大湾区创新生态系统构建的特殊制
约因素，即制度差异大，提出了粤港澳大湾区应在互惠互利的
基础上，合力打造多主体联动、要素充裕且流动自由、制度高
效协同的创新生态系统，以减少三个区域的同质竞争，降低交
易成本，增强创新活力，协同推进区域创新能力的提高的建
议。叶林（2019）针对粤港澳大湾区治理参与主体协同性不
强，通过梳理区域协同创新理论，从制度协同创新、主体协同
创新、要素协同创新以及网络协同创新等方面厘清大湾区发展
过程中面临的困境，提出可以形成跨境区域协同创新系统的理
论与实践建议。

1.2.2　区域创新发展模式特点

随着区域创新发展成为中国经济发展新引擎，其发展模式特
点受到学者们的广泛关注。周凯（2012）对我国区域创新发展

模式进行归纳，指出上海区域创新系统的模式是全面综合协调型，重视产学研结合，在创新方式上多头并进。邓草心（2014）阐述了高新区传统的发展模式存在的问题，并以学习型区域创新为研究对象，提出区域创新发展模式应是内生式创新发展，即高新区内创新主体之间互动学习、紧密合作，充分利用各创新主体的资源，提高知识生产和转化效率。崔新健（2015）阐述了区域创新体系协同发展的4种主流模式，其中创新网络模式即政府、企业、大学、科研机构以及中介在系统内良性互动，共同推动创新。吴建南（2015）对圣地亚哥市创新网络的模式进行概括，其特点是大学、科研机构、企业和中介服务机构等区域创新主体联结起来，加强沟通与合作，并合理配置集群内部资源。而王业强（2017）认为科技创新政策能够驱动区域协调发展，他从驱动主体角度将区域创新发展模式分为政府主导驱动模式、市场主导驱动模式和混合模式。并提出关于新时期科技创新驱动区域协调发展的战略思考：应坚持"分区分级分类"的基本思路，即分区实施科技创新发展战略、分级构建城市科技创新体系、分类打造全国性科技创新网络平台。

学者对区域创新生态系统的发展模式界定存在差异。从创新主体角度来看，区域创新生态系统大致可以分为政府驱动型和企业驱动型。如美国128号公路即为政府驱动型，美国101号公路则为企业驱动型。基于此，本书将区域创新发展模式概括为企业、高校、科研院所、政府以及中介机构等创新主体在系统内良性互动、相互合作，推动创新资源（如人才、资金等）流动，充分发挥创新主体资源价值，产出一批有价值、有影响力的科技成果，提高区域创新能力与产出效率。

1.2.3 区域创新演化历程

随着区域创新的发展，不同阶段区域创新发展模式的相关研究受到越来越多学者的关注。根据区域创新网络与生物群落的共同点，学者从共生演化的角度来分析区域创新网络，将区域创新模式提炼为共生模式。叶斌（2015）指出各创新主体之间的共生关系将发生演化，形成点共生模式（寄生）、间歇共生模式（偏利共生）、连续共生模式（非对称互惠共生）、一体化共生模式（互惠共生）。我国传统区域创新模式是系统内的封闭创新体系，这种创新体系比较封闭，与之并存的是基于不同标准、不同产业需求和政策环境的创新体系各自为政，实现产学研协作开放协同的创新模式。然而这种创新模式存在弊端，加剧了区域内的创新资源竞争，创新能力不足的区域难以通过引进外部创新资源来提高自身能力和发展途径。基于此，创新网络模式的概念被提出，它强调创新性和互动性，把知识流动性、创新专用性和网络稳定性结合起来，随外部条件发展变化而随时调整，不断发生"破坏性创造"的创新过程。而开放式创新模式是将外部知识引进区域内部，有效促进区域创新，提高创新绩效。

由此可见，在区域创新发展过程中，逐渐从封闭式创新向开放式创新演变、从独立创新向合作创新演变成为区域创新发展的新趋势，开放式的合作创新成为区域创新的重要模式。

第 2 章

理论基础与研究设计

基于前文对科学城背景、问题及对区域科创中心的概念、特征等研究，考虑到推动区域科创中心发展的基础理论涉及生态位、创新生态系统等多个交叉领域，与此相关的理论主要集中在生态位、生态适宜度及创新生态系统、系统动力学和复合系统理论、系统耦合与协同效应、区域一体化，本章将分别对上述理论展开分析。

2.1 科学城相关理论

2.1.1 生态位理论及生态适宜度

生态位（Niche）一词由美国学者 Johnson 于 1910 年首次提

出，此后"空间生态位"和"N 维超体积生态位"等概念相继涌现（2016）。李子珍等（1997）基于"N 维超体积生态位"提出生态位适宜度是物种居住地的现实生态位与最优生态位间贴近程度。周青等（2008）对中国区域创新生态系统适宜度进行了评价。此外，创新生态位适宜度相关研究受到学者广泛关注。在评价模型构建方面，覃荔荔等（2011）构建了可持续生态位适宜度模型。在生态位适宜度评价方面，孙丽文等（2017）从区域分布视角对京津冀的生态位适宜度进行了评价；雷雨嫣等（2018）从权重分析视角，运用信息熵模型对技术创新生态因子进行了权重分析。在适宜度与其他变量的关系方面，刘洪久等（2013）探究了适宜度与经济产出关系；雷雨嫣等（2019）研究了网络结构与生态位适宜度关系；李晓萍等（2020）曾提出创新生态位评价体系来分析中国农业科技园区的发展障碍因子，构建包括"创新群体—创新资源—创新效率—创新活力—创新环境"的评价体系；甄美荣等（2020）指出生态适宜度因子中，创新基础资源、人力资源以及科技成果的转化能够显著提升高新区与所在城市的经济绩效；刘和东等（2021）指出生态位适宜度对区域创新能力、经济高质量发展均存在双门槛效应，影响效应边际递增；金莉等（2021）指出创新生态系统生态位适宜度对公共研发组织创新效率具有显著的正向影响。

　　科学城发展的本质就是区域创新生态系统的演化。在科学城发展过程中，充分发挥创新主体与各要素之间的关联作用，通过搭建创新平台和创新网络推动各类创新要素的有效流动和被吸收，进而形成具备生态属性的创新生态系统；通过调试区域创新生态系统的生态适宜度，推动区域创新效率和绩效的增加，进而推动科学城持续健康发展。

综上所述，从生态位相关理论角度构建区域创新生态系统评价体系，将为科学城的发展提供新的思路。

2.1.2 创新生态系统相关理论

2.1.2.1 创新生态系统的内涵特征

目前，国内外学者在创新生态系统领域的研究成果主要聚焦于概念诠释、要素构成与价值创造以及适宜度评价等方面。在创新生态系统概念诠释方面，安德尔（Adner，2006）最先将生态学与技术创新理论相结合，界定了创新生态系统。自此，众多学者从不同视角对其进行阐释。从系统学视角，霍格桑（Holgersson，2018）指出，创新生态系统是由各行动者组成的合作与竞争系统；从网络系统视角，丁玲等（2018）指出，创新生态系统是由政府、核心企业、上下游企业和客户等为了创造更有价值的新产品形成的网络系统；从协同学视角，赵炎等（2017）指出，创新生态系统是由组织内政治、经济、环境、技术的相互催化与互相支持形成的协同发展体系。在创新生态系统构成要素方面，安德尔（Adner，2013）指出，创新生态系统包括上游供应商、下游用户和中间商等；格雷斯川德（Granstrand，2020）提出，创新生态系统包括创新主体、对象（产品、服务、资源）、活动、制度、关系（互补、竞争、替代）等要素；Xie 等

（2020）指出创新生态系统成员包括企业、供应链成员、竞争者、高校和中介机构等。在创新生态系统价值创造方面，瑞特拉（Ritala，2020）探讨了领先企业促进价值创造的有形与无形机制；苏瑞（Surie，2021）提出，企业建立创新生态系统及实现价值共创需加强与政府等外部组织的联系，利用新技术平台加强互动；唐开翼等（2021）指出构建区域创新生态系统已成为实现区域协同创新发展及提升国家创新能力的关键战略；柳卸林等（2022）指出后发追赶型城市可以通过嵌入优势地区的创新生态系统，利用溢出效应和外部性，实现自身创新生态系统的培育和发展。

自安德尔正式将"创新生态系统"作为学术问题展开研究后，学者们将"创新生态系统"的内涵引入区域创新系统的研究中，提出了"区域创新生态系统"的概念。在区域创新生态系统的研究初期，相关研究主要集中于概念、内涵及结构等基本问题的解释及阐述。在概念、内涵界定研究方面，黄鲁成（2015）认为区域创新生态系统是"一定时空范围内，技术创新复合组织与技术创新环境之间通过物质、能量和信息流动相互联系、相互依赖的复杂系统"；巴特勒（Butler，2013）将区域创新生态系统界定为一个由跨组织、制度、经济和技术等元素构成，经知识、资金、信息等交换实现动态平衡的有机系统。在结构研究方面，学者基于 TRIZ 理论、绿色经济理论、复杂网络理论及 ANT 理论来构建区域创新生态系统结构模型，剖析区域创新生态系统的结构特征及结构要素之间的交互作用关系。随着区域创新生态系统研究的不断深入，学者们开始更进一步研究区域创新生态系统的评价与演化等问题，且集中在区域创新生态系统的评价方面。例如，张仁开（2016）基于 ERF 模型对上海市区域创新生态系统进行了实证分析，研究发现上海区域创新生态系统成熟度较高且处于高演化状态；孔伟等（2019）运用线性加权综合方法对区域创新生态系统的竞争力进行了评价研究，发现区域创新生态系统的竞争力在结构、要素方面的差距小于其在环境、功能方面的差距。

2.1.2.2 创新生态系统发展特征

在创新生态系统的发展演变方面，陈颖（2016）从信息技术的角度研究硅谷创新生态系统的演变历程指出硅谷的创新生态系统经历了四个阶段：半导体时代、个人电脑时代、互联网时代、社交媒体与多元化时代；张腾飞（2020）从企业端的角度指出创新生态系统的演变过程主要有四部分：创始阶段、启动阶段、增长或构建系统阶段、成熟化企业管理阶段；谭劲松（2021）指出生态系统主要由成员、位置、联系三要素组成，只有新生期与成熟期两阶段，并且创新生态系统的演进主要是生态结构的演变。在"架构者"角度下的区域创新生态系统演化过程中，蔡杜荣（2022）将区域创新生态系统分为新生期、成长期、成熟期；在不同阶段，架构者主要由政府转变成先驱企业，并且先驱企业与跟随企业逐渐形成创新网络。张卓等（2021）在区域创新生态系统发展中，将其分为产生、成长、成熟和衰退四个阶段，主要从可持续的角度，在我国四大区域同等区域创新生态系统可持续发展障碍度下，构建了创新投入、创新活力、创新基础、创新产出四个评价指标。

创新生态系统内创新主体与创新环境之间存在人才、技术、资金和信息等方面的流动，形成复杂的开放式系统。一般地，创新生态系统内的创新主体占据的创新资源有限，呈现出创新生态位重叠的现象，进而导致创新主体对创新资源的争夺。在创新生态系统发展过程中，创新环境供给多少才适合创新主体的发展，创新环境供给多少才能推动创新生态系统的不断向前演化，这些问题可以从生态位适宜度中给出答案。杨红燕（2022）指出创新环境生态位适宜度水平表示区域创新生态系统中提供的现实创新环境与理想创新环境的贴近程度，或者说，创新环境供给量与最适合资源量的贴近程度，从创新环境供给与需求的角度评价创新环境的"适宜性"。

综上所述，从生态学的角度来看，创新生态系统不同阶段演化的动力主要来源于生态位适宜度的演变。所以，揭示区域创新生态系统生态位适宜度的演化规律，有望为推动中国西部（重庆）科学城发展提供理论借鉴。

2.1.2.3　高质量发展与创新生态系统的相关研究

党的十九届五中全会明确将高质量发展作为"十四五"时期经济社会发展的重要指导思想之一，并提出"创新、协调、绿色、开放、共享"的发展理念。在新发展环境、新发展阶段和新发展目标下贯彻新发展理念，必然要求构建新发展格局。

在高质量发展的研究方面，陆婉清（2021）以"创新、协调、绿色、开放、共享"五大发展理念为指标因子的选取标准，构建出高新示范区高质量发展评价指标体系，强调了 R&D 经费支出、万人发明专利拥有量、高新技术产业增加值占 GDP 比重为二级指标因子的科技创新能力。刘会武（2021）从技术创新、结构优化、国际竞争与可持续发展四个方面建立指标评价体系，评价了国家高新技术产业开发区的高质量发展水平，其中，选取高新技术企业出口额占园区营业收入的比例、服务收入占营业总收入比例、高新技术产业增加值占 GDP 比重等经济指标评价了创新驱动下产业区的发展能力。姜玉梅（2021）以科技创新和高质量发展两个维度作为一级指标，以创新投入、创新产出，二、三产业增加值、产出率等细化因素为二级指标，构建了区域科技创新驱动经济高质量发展的评价指标体系，深入研究了创新与高质量发展之间的相关关系，指出我国科技创新能力与高质量发展水平还不相称，需要从多维度进一步系统性的提升科技创新能力，为高质量发展提供均衡动力。

在创新生态系统中，企业、高校、科研机构等创新主体之间加强合作协同，发挥企业、重点高校及科研院所积极的头部带动作用；创新要素之间加强流通与要素资源共享；经济、政治、技术、对外开放层面，营造互利共赢、相互支撑的创新环境；以政府为主导，重视创新平台的搭建，基础设施、科研硬件设备、人力资源的投入；以政府为导向，推动企业、高校、科研机构的深入合作，形成产学研一体化、企业—企业、企业—客户之间的复合创新网络关系；构建和谐共生、持续发展、动态平衡的创新生态系统，是以创新驱动促使我国经济"创新、协调、绿色、开放、共享"的高质量发展的实现路径和有效方法。

综上所述，高质量发展中的"创新、协调、绿色、开放、共享"的发展理念为科学城发展提供了方向，从创新生态系统的理论视角，以生态位适宜度的五个方面——创新群落、创新资源、创新环境、创新平台、创新网络为细化研究因素，通过开展实证研究，厘清创新生态系统与科学城发展的相关关系，有望为推动中国西部（重庆）科学城的高质量发展找到理论依据。

2.1.2.4　系统动力学理论

系统动力学最早由美国麻省理工学院的福瑞斯特教授（1956）提出，它运用"凡系统必有结构，系统结构决定系统功能"的系统科学思想，从系统的内在结构出发，在系统的内部构成要素中发现问题。任海英（2013）认为系统动力学主要是结合决策论、系统论、信息论、计算机仿真学及整合控制论的精髓发展出来的一套适合社会系统中有关"动态性复杂问题"的理论。李宇佳（2015）认为系统动力学将研究对象视作具有多个构成要素且要素间相互影响的动态系统，系统的行为模式与特性主要植根于其内部的动态结构与反馈机制。因此，系统动力学是一门分析研究信息反馈系统的学科，也是一种认识系统问题、解决系统问题的综合性方法。

系统动力学自提出后逐渐被应用于多个研究领域。姜钰（2014）基于系统动力学理论，分析了林下经济的经济、社会、生态三个子系统的相互作用和各自的系统结构。肖仁俊（2014）通过建立系统动力学模型对新疆地区的"能源—经济—环境"系统的内在作用机制及三者之间的长期均衡进行分析。张俊荣

（2016）基于系统动力学理论，构建京津冀碳排放交易机制仿真模型，通过梳理碳交易、二氧化碳排放量和 GDP 之间的关联机制，研究了碳排放交易系统的内在运行机制。陈恒（2018）基于系统动力学构建产学研合作培养创新人才系统动力学模型，研究培养创新人才动力机制。因此，系统动力学在研究系统内部作用机制上具有一定的适用性。王之禹（2021）梳理了城市发展系统与区域创新系统的耦合机理。杨建（2022）构建区域创新能力与其高质量发展的耦合协调模型，分析比较了我国中部、西部、南部、北部以及东部的区域创新优势及不足，综合比较其区域创新能力。

目前，较多学者对区域创新生态系统与政策、经济等外部因素之间的耦合机理进行研究，较少学者从区域创新生态系统内部及系统间的耦合机理来分析区域创新系统。因此，本书基于系统动力学理论来探讨区域创新生态系统内部及系统间的耦合协调作用机制。

2.1.2.5　系统耦合与协同效应

系统耦合与协同密切相关。关于协同方面，德国物理学家赫尔曼·哈肯（1971）最早提出协同的概念，在此基础上，他系统地论述了协同效应，即企业生产、管理等不同环节共同使用同一资源所产生的综合影响。此后，不少学者对协同理论及其应用展开深入研究。解学梅（2013）从都市圈视角将协同创新效应分为四种，并将资源要素协同效应定义为通过整合都市圈内创新要素，表现出大于协同方本身具有的要素总和的现象，其本质是一种合理配置创新资源的效应和创新资源空间整合能力；将创新主体协同效应定义为都市圈内各创新主体通过协同交互和耦合所产生的大于个体效应之和的整体效应，其本质是都市圈内企业与其他创新主体突破空间限制所产生的效应增值。余泳泽（2015）定义了创新资本"协同效应"，即区域间创新投入通过各种溢出机制实现了相互带动增加，并且体现在不同阶段之间研发投入的相互带动提升。毕可佳（2017）提出，孵化网络协同效应是指通过孵化器编配网络节点协作互动，进行优势资源共享及稀缺资源互补配置，进而达到资源利用，实现"1 + 1 > 2"的功效。因此，"1 + 1 > 2"的多赢模式是协同效应的核心价值体现。

解学梅（2013）从都市圈视角研究协同创新效应运行机理。研究指出，都市圈协同创新效应的产生取决于圈内创新要素的耦合及不同创新主体之间协同链接所产生的"外溢效率"，依赖于圈内技术扩散、知识溢出和信任承诺机制的有效性和圈内良好的制度环境。唐清泉（2014）利用协同效应研究对企业内、外部 R&D 与创新绩效的影响。研究表明，内外部 R&D 的协同效应存在于医药行业企业，能够提升企业绩效。王文华（2018）以开放式创新组织为研究对象来分析协同管理对知识协同效应的影响，研究结果表明，开放式创新组织间协同管理三个维度对知识协同效应两个维度均具有显著正向影响作用。王海花等（2021）指出知识邻近性和组织邻近性在长三角城市群协同创新网络关系形成中始终发挥积极作用，制度邻近性和社会邻近性在网络演化前期发挥积极作用，但是随着协同创新的深入，二者不利于协同创新网络合作关系形成。

2.1.2.6　区域一体化理论

　　成渝绵科创金三角是区域一体化理论的具体化。区域一体化是当今最具活力的区域经济现象，对塑造区域经济格局具有重要影响。卡尔·多伊奇（KarlW. Deutsch）和西德尼 A. 伯勒尔（SidnevA，Burrel，1957）提出了一体化发展理论，并指出该理论强调参与成员所组成的密切共同体及共同体之间的交互作用和特殊功能，进而实现在特定领域开展全面合作。巴拉·巴拉萨（BalaBalassa，1960）指出区域一体化既指采取旨在消除区域间差异的措施的过程，也被认为是一种不存在区域间显著差异的状态，是一个兼具状态刻画和过程描述的概念。

　　区域一体化具有丰富的外延。从推进主体来看，张晓平（2003）认为区域一体化是政府、企业、社会组织等多种主体共同参与的过程。一方面，区域一体化体现为以政府为主导的区域合作过程，政府通过关税同盟、自由贸易等政策工具消除区域内部沟通交流的壁垒，打造区域统一市场，从而提升区域整体福利水平。另一方面，区域一体化体现为以企业为主导的区域间自发形成的合作，区域分工产生了区域间企业的相互依赖关系，从而形成了区域"价值网络"，并表现出既分工又合作、既独立又融合的相互依存关系。从合作内容来看，张紧跟（2018）认为区域一体化体现为功能性一体化和制度性一体化。功能性一体化是指区域间的主体通过各种方式，包括贸易互通、交通和基础设施等，打破沟通壁垒，形成彼此互补和依赖的关系；制度性一体化是指通过规则、协议、条约、机制、政策的设计，对彼此的行为加以规范和指导，以缩小制度落差的一体化行为。

结合区域一体化的内涵与外延，可以概括出其具有的两方面特征：一是复合尺度特征。陈航航（2018）指出尺度是地理学的核心概念。不同尺度的区域单元具有清晰的边界，且表现出垂直嵌套的关系。因此，由不同层级政府所推动的区域一体化便呈现出相应的垂直尺度。另外，由于信息技术带来了"时空压缩"，区域间联系不断加深，区域一体化也体现出由"关系"构成的水平尺度。在垂直尺度和水平尺度综合作用下，区域一体化呈现出复合的立体网络尺度特征。二是层次性特征。由于合作内容、合作形式的差异，区域一体化的程度也有不同。罗守贵（2022）认为区域一体化的层次由浅入深，首先是社会和经济互动带来的社会一体化，其次是相同文化和历史背景带来的地区和身份认同，再次是跨越行政边界的区域或国家间的正式或非正式合作，最后则是国家推动的制度一体化。其中，前两层更多的是基于认同和相似属性特征的跨越实体边界的集聚，而后两层则体现为由行政主导的制度安排。区域一体化能否有效且可持续，将更多地取决于这种自上而下的制度安排。针对粤港澳大湾区"一国两制、三关税区、三法域、四核心城市"的标志性特征，叶林（2019）提出要通过制度、主体、要素和网络四大途径进行协同创新，以克服地缘和制度等障碍，更快实现一体化进程。许泽宁（2022）研究了区域一体化政策对城市高学历人才分布的影响及作用机制，认为区域协调发展能够促进人才空间分布的优化，促进区域高质量发展，提升区域创新水平。叶堂林（2022）认为区域一体化战略能够有效盘活现有的科技资源存量，提升区域创新扩散效应，确保创新驱动发展战略的推进。

综上所述，区域一体化政策通过作用于区域创新系统的各个子系统，帮助他们更好地运用地区内的科技创新资源。因此，本书拟进一步探究区域一体化对区域创新系统的作用效果，以寻求成渝绵科创金三角创新水平的提升路径。

2.2 区域科创中心建设的概念模型及研究思路

本书将区域科创中心建设分为科学城与科创走廊两部分，以下具体阐述相关的概念模型与研究思路。

2.2.1 科学城建设的概念模型及研究思路

2.2.1.1 科学城建设的概念模型

根据《重庆市科技创新"十四五"规划（2021—2025 年）》《重庆高新区国民经济和社会发展第十四个五年规划和二〇三五年远景目标纲要》等战略规划，结合科学城发展趋势，西部（重庆）科学城建设目标是：重点集聚一批重大科技基础设施和实验室，汇集一批研究型大学、科研院所，打造一批企业研发中心、成果转移转化中心，培育一批高新制造企业，力争建成具有全国影响力的科技创新中心的核心引擎、西部（重庆）科学城

建设科学之城创新高地的集中承载区。上述战略目标涉及区域
创新生态系统中的创新资源、创新环境、创新平台、创新网络、
创新群落等范畴。

基于此，结合前人对创新生态系统结构的研究基础（李晓
娣等，2019），本书将科学城创新生态系统发展映射为生态位协
调下的区域创新生态系统发展，构建了科学城创新生态系统的
理论分析框架（如图 2.1 所示）。

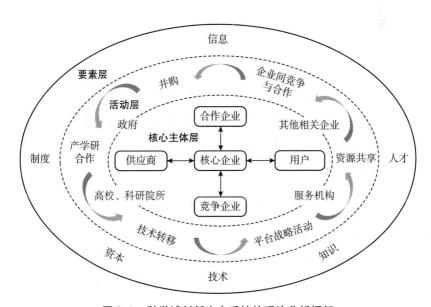

图 2.1 科学城创新生态系统的理论分析框架

如图 2.1 所示，科学城创新生态系统构成要素包括要核心主
体层、活动层和要素层，其中核心主体层包括企业、高校、科研
院所等创新主体，活动层则表示各类创新主体之间展开的相关
活动，要素层则提供各种外围的制度、资本、知识等保障。科学

城创新生态系统产生、成长、成熟、衰退等演化过程的实质是生态位适宜度调整的过程。

基于哈钦森等（1957）提出科学城生态位是其创新群落物种生态位的并集，包含物种和非物种两个维度。其中，物种维度主要指创新群落即创新机构，非物种维度可以划分为资源、环境、平台、网络四个层面。因此，在具体测度指标选取过程中，主要结合创新要素的内涵、属性和构成，遵循科学性、代表性、可获得性、可靠性、完备性等原则，吸收高质量发展中"创新、协调、绿色、开放、共享"等核心理念，参考马宗国等（2019）、刘钒等（2019）、王鸽等（2019）、李林凤（2019）、王德起等（2020）、欧光军等（2018）、赵炎等（2017）、汤临佳（2019）等的相关研究成果，选取并确定各创新生态要素的指标，进而形成西部（重庆）科学城发展的指标体系（见表2.1）。

表2.1　　　　西部（重庆）科学城发展指标体系

研究对象	生态维度	生态要素	主要衡量指标
西部（重庆）科学城生态位	物种维度	创新群落	创新企业、高校数量、科研机构
	非物种维度	创新资源	创新人才、创新资本、创新技术
		创新平台	众创空间、科技企业孵化器数量、金融机构、服务平台
		创新网络	产学研合作、企业间合作、企业—政府合作、企业—用户合作
		创新环境	创新战略、创新基础、可持续发展
西部（重庆）科学城发展指标	/	/	人才储备、第二产业产值、现代服务产业产值、高新技术产业产值、第三产业产值、对外开放能力

本书从创新群落、创新资源、创新环境、创新平台、创新网络等维度着手，从构成要素、价值创造等视角对区域创新生态系统的生态位适宜度展开研究，评价与预测生态位适宜度；通过吸收高质量发展中"创新、协调、绿色、开放、共享"的发展理念，细化科学城发展指标，探索其发展影响因素，揭示区域创新生态系统的发展现状、趋势及路径。

2.2.1.2　科学城建设的研究思路及方法

1. 研究思路

本书坚持问题导向，紧扣核心概念，融合管理学、生态学等交叉学科理论及方法开展理论演绎、探究发展机理、提出发展对策等，推动科学城高质量发展，具体研究思路如图 2.2 所示。

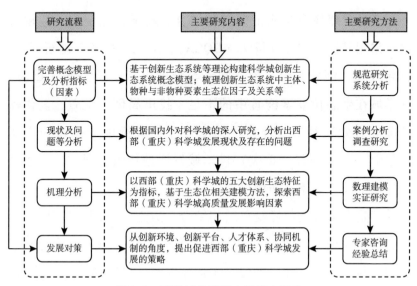

图 2.2　科学城发展研究的基本思路

2. 具体研究方法

本书除了采用传统的文献研究方法外，还包括以下主要方法：

一是规范研究与系统分析相结合。基于创新生态系统、生态位等理论，设计基于生态位协调的科学城创新生态系统的理论分析模型；基于系统分析法，梳理创新生态系统中物种维度、非物种维度等维度与要素，结合高质量发展理论中的相关理念，完善科学城发展的概念模型及其影响因素等。

二是案例分析与调查研究相结合。选取日本筑波科学城、韩国大德科学城等国外典型科学城案例，以及北京怀柔科学城、上海张江科学城等国内典型科学城案例，开展案例分析与对比研究，获得发展经验启示；开展实地调研等，分析西部（重庆）科学城创新生态系统发展现状及存在的不足。

三是数理建模与实证研究相结合。基于生态位相关建模方法，采用模糊集定性分析法（fsQCA），从创新群落、创新资源、创新环境、创新平台、创新网络等维度揭示中国西部（重庆）科学城在生态位要素配置中的不足，找出高创新配置、高供需匹配等有效途径；结合物种维度及非物种维度等生态位因子（或因素），对西部（重庆）科学城发展进行组态研究，探索系统发展的关键因素及作用机理。

四是专家咨询与经验总结相结合。遴选典型园区管理专家，结合理论研究与发展经验，基于专家咨询会、德尔菲法等开展研讨，从环境、人才、平台、体制等方面提出推动西部（重庆）科学城发展的对策建议。

2.2.2　科创走廊建设的概念模型及研究思路

2.2.2.1　科创走廊建设的概念模型

基于区域创新生态系统、系统动力学、区域一体化等理论，根据创新生态系统的一般结构（如图 2.3 所示），结合许斌丰（2018）、魏奇锋（2021）、陈邑旱（2022）等研究基础，从创新价值链的角度而言，区域创新生态系统涵盖了"创新研发—创新应用—创新服务—创新环境"等要素群落；从技术创新链视角而言，区域创新生态系统是由科技投入、技术转移和技术应用三个子系统构成的整体，它们之间存在环环相扣的因果关系。

基于上述研究基础，结合本书对象，构建了区域创新生态系统概念模型，如图 2.3 所示。

图 2.3 概念模型中，包括科技投入子系统、技术转移子系统、技术应用子系统和环境子系统。具体来讲，科技投入会促进技术的转移，而技术转移会促进技术的应用，它们之间呈正相关的关系。在区域创新生态系统的科技投入子系统中，通过资本、人力、资金等创新资源的投入，产出专利与技术等创新成果；通过技术资源的投入或引进新技术加以改进，在技术转移子系统内实现技术的转移转化，将成熟的技术产品方案应用于技术应用子系统中才能实现其经济价值。技术研发投入能力、技术转移转化和技术应用能力之间的耦合协调在一定程度上影响了区域创新生态系统功能的发挥。除此之外，创新环境对整

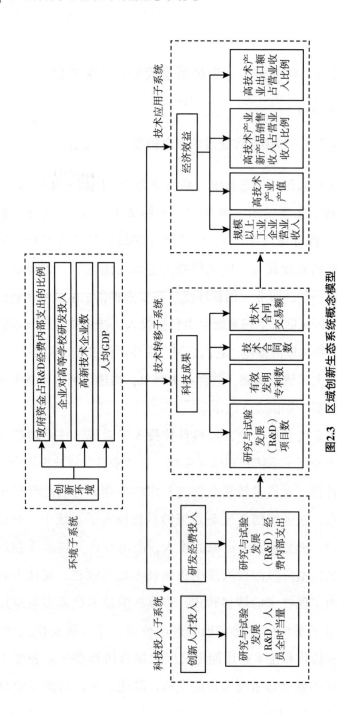

图2.3 区域创新生态系统概念模型

个区域创新系统的良性运转起到支撑作用,是改善创新效率、提升创新能力的关键。创新环境对三个子系统的状态变化及子系统之间的状态变化共同驱动区域创新系统的演化,子系统自身的发展及子系统之间的协同发展有系统的优化和升级。如果区域创新系统的三个子系统耦合协调度低,不仅造成子系统之间的结构性失衡,还会造成区域创新系统不能发挥整体大于部分的作用。可见,区域创新生态系统的能力不仅取决于创新资源投入的影响,还受创新环境等系统内部因素的制约。

　　另外,本书在许斌丰(2018),赵彦飞等(2019),岑晓腾等(2019)等研究基础上,将区域创新生态系统分为科技投入子系统、技术转移子系统、技术应用子系统与创新环境子系统作为研究对象,分析它们之间的相互作用及每个子系统对区域创新系统发展的影响,其中共包含 14 项指标,具体的子系统内的指标体系构建如表 2.2 所示。

表 2.2　　　　　　　区域创新生态系统相关子系统的指标

子系统名称	相关指标	具体测度指标
科技投入	创新人才投入	R&D 人员全时当量(人/年)
	研发经费投入	R&D 经费(亿元)
技术转移	科技成果	R&D 项目数(项)
		有效发明专利数(件)
		技术合同数(项)
		技术合同交易额(亿元)

子系统名称	相关指标	具体测度指标
技术应用	经济效益	规模以上工业企业营业收入（亿元）
		高技术产业产值（亿元）
		高技术产业新产品销售收入占营业收入比例（%）
		高技术产业出口额占营业收入比例（%）
创新环境	政府支持	政府资金占 R&D 经费内部支出的比例（%）
	产学研合作	企业对高等学校研发投入（亿元）
	创新载体	高新技术企业数（个）
	经济环境	人均 GDP（万元）

以下对每个子系统中指标进行说明。

1. 科技投入子系统指标

科技投入是支持开展科技活动的投入，也是生产性投入。它为科技成果的转化提供了前提条件。许斌丰（2018）将 R&D 研发人员全时当量、R&D 经费支出以及 R&D 机构数作为科技投入子系统的衡量指标。魏奇锋（2021）选择 R&D 经费内部支出、R&D 人员折合全时人员、规模以上工业企业新产品销售率、R&D 经费占地区生产总值比重和专利授权数衡量一个地区的创新投入水平。技术研发投入主要包括劳动投入和资本投入两大方面。基于本书的研究主题，特选取资本因素中的研究经费支出作为衡量技术资本投入的指标，而研究经费支出又包括内部经费支出和外部经费支出，一般认为，外部经费支出主要起辅助作用，对研究成果转化的影响是间接性的，因此选择内部经费支出作为资本投入的测量指标。而人才作为知识的载体，具有很大的主观能动性，本书衡量人力资本时，考虑真正从事科学研究、致力于新产品研发的技术型人才，选取 R&D 人员全时当量考察劳动投入水平。

①研究与试验发展（R&D）人员全时当量。R&D 人员全时当量是国际通用的衡量科技人力投入的标准，指 R&D 全时人员与非全时人员工作量按实际工作时间折算的工作量之和。

②研究与试验发展（R&D）经费内部支出。研究与试验发展（R&D）经费支出指统计年度内全社会实际用于基础研究、应用研究和试验发展的经费支出。

2. 技术转移子系统指标

技术转移也称科技成果转化，是指技术以不同的形式在不同的地方间转移，包括国家间的转移、从研究机构向企业的转移等。在科技投入之后，为了将资源有效利用并转化为科技成果，需要进行技术转移，实现尽可能高效率的投入产出。科技创新对经济高质量发展的作用依赖技术成果转化，技术转移的指标即是对科技成果的检验。许斌丰（2018）选取年发明专利申请量，技术合同成交金额、技术引进、消化、吸收与改造经费支出、外商直接投资、企业科技活动人员数量，以及新产品开发经费支出作为技术转移子系统的衡量指标。本书借鉴学者们的研究成果，将 R&D 项目数、有效发明专利数、技术合同数、技术合同交易额等作为技术转移子系统的研究测度指标：

①研究与试验发展（R&D）项目数。R&D 项目数是指在当

年立项并开展研究工作、以前年份立项当年仍继续进行研究的研发项目数，包括当年完成和年内研究工作已告失败的研发项目。这项指标是为了增进知识，以及利用这些知识去开创新的用途而进行的系统的创造性的工作成果。朱巍（2020）通过研究表明，在湖北企业创新子系统中，R&D 项目数关联度排名第二，表明科研机构技术能力要通过创新活动的开展来提升与巩固，再一次验证了技术创新能力是科研机构在产学研合作中的立身之本。

②有效发明专利数。有效发明专利是指专利申请已授权，并且一直缴纳年费维持有效性的专利。武柏宇（2016）认为有效发明专利数作为技术创新的科技成果，是科技创新产出的主要表现形式。

③技术合同数、技术合同交易额。技术合同是当事人就技术开发、转让、咨询或者服务订立的确立相互之间权利和义务的合同。科技成果转化通过技术合同成交额来衡量，技术市场发育程度通过交易规模来反映，在实践中一般用技术市场交易的技术合同数和交易额两个指标来度量技术市场的发展规模。

3. 技术应用子系统指标

技术应用是指工程技术、科学技术、新技术、新兴技术在各行业各领域的工程应用、实际应用。它是将取得的科技成果应用到各个行业和领域，转化为经济效益，经济效益为国家和社会创造物质效益。技术应用子系统的指标主要是对经济效益的检验，本书借鉴学者们的研究成果，将规模以上工业企业营

业收入、高技术产业产值等作为技术应用子系统的研究测度
指标：

①规模以上工业企业营业收入。中国规模以上工业企业
是指年主营业务收入在 2000 万元以上的工业企业。其营业
收入包括主营业务收入和其他业务收入。王伟（2020）认
为，规模以上工业企业营业收入利润率代表实体经济的利润
水平，实体经济利润水平越高说明该省份微观企业的生产经
营越有活力。

②高技术产业产值。高技术产业是指用当代尖端技术进行制
造的产业群体。高技术产业发展快，对其他产业的渗透能力强。
所以其生产相关的经营成果较为重要，有研究意义和参考价值。
产值是指在特定的时间里工业单位所产生的工业产品和劳动服
务的全部价值量，反映了总的生产成果。

③高技术产业新产品销售收入占营业收入比例。新产品包括
新发明产品、改进的产品和新的品牌。李培楠（2014）等学者
认为，新产品销售额反映的是创新成果转化或产业化的绩效，
它是成果转化阶段产业创新绩效的主导产出变量。

④高技术产业出口额占营业收入比例。出口额是指一定时期
内一国从国内向国外出口的商品的全部价值。李建辉（2019）
认为高技术产品进出口额是对科技活动基本情况综合发展水平
影响较大的指标。

4. 创新环境子系统指标

早在 1985 年，欧洲创新研究小组（GREMI）最先提出区域
创新环境的概念，并将其定义为一定区域内的主要行为主体，

通过相互之间的协同作用与集体学习而建立的非正式的、复杂的社会关系（许婷婷等，2013）。在《中国区域创新能力报告》中，区域创新环境是指技术创新环境与管理水平，包括基础设施的完善、市场的大小、劳动者素质、为创新机构提供金融支持的能力，以及本地区创业水平等因素（中国科技发展战略研究小组，2021）。现有研究对创新环境内涵界定存在不同观点，根据其研究视角不同主要可分为国家或区域创新系统视角下的内涵、地区组织及创新网络视角下的内涵和基于权变观视角下的内涵；从空间视角分析，创新环境分为国家层面、区域层面、企业层面，每一维度有共性特征，也有其特殊性，需要加以区分研究。

在此基础上，本书认为创新环境分析维度是多层的，不同的创新活动对其要求也有差异，但总体而言存在一些共性特征。不仅包含各个行为主体之间形成的网络关系，也包含文化环境，基础设施、政策与法规等要素条件，可以分为软性环境和硬性环境两类，并且具有动态发展的特点。创新环境是支撑创新体系健康运行的重要因素。对提高创新效率和创新能力具有重要意义，研究其对区域创新生态系统发展的影响至关重要。对于创新环境来说，经济大环境、科研环境以及政策环境发展水平可以作为其水平检验的重要指标：

①政府资金占 R&D 经费内部支出的比例。为实现经济和社会发展战略，政府加大对创新项目的投入以提高创新效率。在科技创新资源投入和产出分配中，政府主导配置模式至今仍发挥着重要作用。李晋（2013）通过建立模型得出结论：政府

R&D 投入对鼓励高技术行业企业的专利发明和新产品转化的经济效益有积极的促进作用。

②企业对高等学校研发投入。高等学校的经费来源有政府资金投入、企业资金投入、其他资金投入。企业对高等学校经费的投入比重在一定程度上反映了企业与高校的合作程度，企业与高校合作可以将高校的创新成果转化为商业价值。

③高新技术企业数。高新技术企业是指在《国家重点支持的高新技术领域》内，通过不断的研发和技术转化，形成具有自主知识产权的企业，在此基础上进行经营活动的企业，是知识和技术双重高要求的经济实体。科技是推动发展的一个重要的内部驱动力，高新技术企业能够促进国家转型、增加企业效益、带动创新发展，其数量是衡量高新区创新能力结构水平的重要指标。

④人均 GDP。人均 GDP 是指人均国内生产总值，是一个国家或地区在核算期内实现的生产总值与所属范围内的常住人口的比值。它是人们认识和掌握国家与地区的宏观经济状况的有效指标，也是发展经济学中常用来衡量经济发展状况的宏观经济指标。

2.2.2.2　科创走廊建设的研究思路

本书坚持问题导向，紧扣核心概念，融合交叉学科理论及其方法开展理论演绎，探究发展机理，提出建设路径与政策建议推动科创走廊建设，具体研究思路见图 2.4。

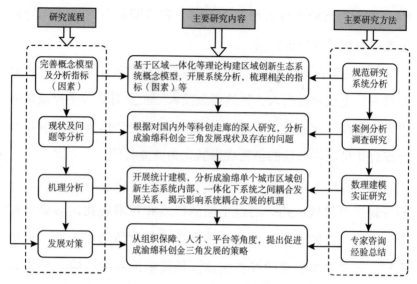

图 2.4　科创走廊建设研究的基本思路

2.2.3　研究方法

本书除了采用传统的文献研究方法外，还包括以下主要方法。

（1）规范研究与系统分析相结合。拟基于区域创新生态系统、系统动力学、区域一体化等理论，探讨成渝绵区域创新生态系统的内涵、框架等，分析成渝绵区域创新生态系统的内部结构及耦合协调度，并对区域创新生态系统内部子系统的内涵进行深入探讨；基于系统分析法，梳理区域创新生态系统中各大子系统的综合评价指数，完善概念模型及其影响因素（指标）等。

（2）案例分析与调查研究相结合。选取美国 128 号公路、101 号公路以及国内的广深科创走廊、杭州城西科创大走廊、G60 等为研究对象，开展案例分析与对比研究，获得发展经验启示；开展实地调研等，分析成渝绵科创走廊建设现状及存在的不足。

（3）数理建模与实证研究相结合。基于系统动力学理论及方法，构建成渝绵区域创新生态系统的耦合协调发展模型，研究成渝绵各城市创新系统内部及区域间的耦合协调度，分析区域创新主体及其耦合协调发展关系等，找出系统耦合协调发展的有效途径；结合科技投入、技术转移及技术创新等区域创新子系统，构建一体化下区域创新生态系统的耦合协调发展模型等，探索成渝绵一体化下耦合协调发展机理等，为成渝绵科技创新一体化发展提供理论借鉴。

（4）专家咨询与经验总结相结合。遴选科技管理、科技创新专家，结合理论研究与发展经验，基于专家咨询会、德尔菲法等开展研讨，形成成渝绵区域创新生态系统耦合协调发展路径、政策等。

2.3　理论价值与现实意义

2.3.1　科学城建设的理论价值与现实意义

2.3.1.1　理论价值

本书融合创新生态系统、生态学等理论，结合物种和非物种两个维度，深入研究科学城区域创新生态系统发展的理论分析框架、典型案例及启示、作用机理等，拓展了传统区域创新生态系统理论研究的新领域；将生态学中的生态位、预测等研究方法深度嫁接、融合到科学城区域创新生态系统发展研究中，拓展实证研究等方法，开展机理研究等，是对管理学、生态学等交叉学科研究方法的深化与拓展。

2.3.1.2　现实意义

（1）选题紧扣党的十九大、中央财经委员会议精神以及重庆市委常委会部署，把区域创新生态系统发展作为西部（重庆）科学城建设的重要抓手，研究成果为制定相关发展规划、政策等提供理论、实证与经验参考。

（2）围绕创新主体、创新要素等形成的指标，可以拓展用于制定西部（重庆）科学城发展的具体策略。

（3）着眼区域创新生态系统的发展态势，从生态位的角度针对性地提出发展路径、政策建议等，为西部（重庆）科学城主管部门等提供决策参考。

2.3.2　科创走廊建设的理论价值与现实意义

2.3.2.1　理论价值

本书融合区域创新生态系统、系统动力学、区域一体化等理论，深入研究区域创新生态系统发展的理论分析框架、典型案例及启示、作用机理等，创新性地提出发展策略建议等，拓展了区域创新生态系统理论研究的新领域；将系统动力学中的耦合协调度、统计学中的综合评价指数等研究方法深度嫁接、融合到区域创新生态系统发展研究中，拓展实证研究等方法，开展机理研究等，是对区域创新生态系统、系统动力学等交叉学科研究方法的深化与拓展。

2.3.2.2　现实意义

选题紧扣党的十九大、中央财经委员会议精神，以及重庆市委常委会、四川省委全会部署，把区域创新生态系统发展作为成渝绵科创走廊建设的突破口和重要抓手，研究成果为制定相关发展规划、政策等提供理论、实证与经验参考；围绕区域创新主体、创新要素等形成的指标，可以拓展用于制定成渝绵科创走廊建设的具体策略；着眼成渝绵科创金三角的跨越式发展，从政府、市场等角度提出建设路径、政策建议，为成渝地区科技、经济等主管部门提供决策参考。

第 3 章

区域科创中心建设现状及问题分析

基于前文对区域科创中心生态位和创新生态系统相关理论的分析，考虑到区域科创中心的生态特征，科创中心的发展是创新要素生态交互的综合结果，本章结合科学城和科创走廊关键指标，以分析其发展现状及问题。

3.1 科学城建设现状及问题分析

科学城是科技园区、高新区、科技工业园区的升级版，是国家创新驱动发展战略的重要组成部分。纵观全球，科学城已经成为区域创新的重要载体和高地。目前已经建有超过 600 座科学城，其中美国斯坦福科学城（硅谷）、俄罗斯新西伯利亚科学城、日本筑波科学城、韩国大德科学城、德国阿德勒斯霍夫科学城等成为世界各国学习的榜样。

3.1.1 科学城建设现状分析

近年来，在科技强国战略背景下，为提升我国科技创新策源能力，我国正在建设（或规划）的科学城有十多个，如北京的中关村科学城、未来科学城、怀柔科学城等。除此之外，典型代表还包括上海张江科学城、广州南沙科学城、东莞中子科学城、深圳光明科学城、中山翠亨科学城、合肥滨湖科学城，成都科学城、重庆科学城、南京科学城等。其中北京、上海、合肥、粤港澳大湾区均依托各自科学城，获批综合性国家科学中心，分别处在我国的东部、中部地区、南部地区，西部地区尚缺战略支点。

2020 年 1 月 3 日，习近平总书记在中央财经委员会第六次会议上专题部署成渝地区双城经济圈建设，对成渝地区推进科技创新提出明确要求，指出要支持两地以"一城多园"模式合作共建西部科学城。

2020 年 9 月 11 日，西部（重庆）科学城建设动员大会召开。重庆市委主要负责人强调，要全面贯彻习近平总书记在中央财经委员会第六次会议上的重要讲话和视察重庆重要讲话精神，"举全市之力、集全市之智，着力建平台、兴产业、聚人才、优环境、提品质"，高标准高起点建设西部（重庆）科学城，打造具有全国影响力的科技创新中心。

重庆市对西部（重庆）科学城的发展定位为"科学之城、创新高地"，通过打造"一中心四地"（综合性国家科学中心和创新型产业策源地、全方位改革试验地、高水平开放先行地、高品质生活宜居地），使科学城成为具有全国影响力的科技创新中心的核心载体。对标北京中关村科学城、上海张江科学城和合肥滨湖科学城，科学城主要包括前沿科学研究、先导技术创新、高端产业示范、创新人才培养、创新创业孵化、国际交流合作六大主体功能，最终成为科技创新出发地、原始创新策源地、高端产业主阵地。

按照规划与部署，西部（重庆）科学城是成渝地区双城经济圈国家科技创新中心建设的主阵地之一。西部（重庆）科学城位于重庆市中心城区西部槽谷，东衔中梁山、西揽缙云山、南接长江、北拥嘉陵江，规划区域范围 1198 平方千米，东西横跨 5~15 千米，南北纵贯 80 千米，涉及北碚、沙坪坝、九龙坡、江津、璧山 5 个区，拥有国家自主创新示范区、重庆自贸试验区、国家高新区、西永综保区等众多"金字招牌"，如图 3.1 所示。其中，重庆高新区直管园是科学城核心区，面积 313 平方千米，辖 3 个街道、7 个镇；其任务就是推进科学城建设。

综上所述，西部（重庆）科学城的建设历程较短，从科学城功能定位与规划面积来看，科学城介于高新区与城市之间，西部（重庆）科学城的建设采用"举全市之力、集全市之智"原则，因此，科学城所在城市的创新资源为科学城的发展提供了"基线"。通过调查研究，剖析西部（重庆）科学城发展的现状如下：

（1）平台建设初具规模。西部（重庆）科学城布局建设超瞬态实验装置、金凤实验室、中国科学院重庆科学中心。市科技

图 3.1　西部（重庆）科学城规划示意图

局公布资料显示，截至 2022 年，重庆市国家级重点实验室 10
个，布局新建市级技术创新中心 18 家，现有市级以上科技创新
平台超过 1000 个，其中国家级平台超过 100 个；全市有国家级
科技企业孵化器 29 家，已建成孵化载体总面积近 400 万平方米，
孵化毕业企业 4800 余家，吸纳创业就业人员 12 万余人。新增科
技型企业 11642 家，其中孵化 738 家、培育提升 10841 家、引进
63 家。已引进北京大学重庆大数据研究院、智能网联汽车创新

中心等重大科创平台 33 个，获批全国首批国家应用数学中心、全市首个国家制造业创新中心，国家高新技术企业 305 家，"专精特新"中小企业 113 家，市级及以上孵化器和众创空间 16 个、其中国家级 6 个。

（2）产业振兴不断推进。据西部（重庆）科学城招商项目签约活动指出，2022 年以来，科学城累计签约智能网联新能源汽车产业有关项目 26 个、合同投资额 538 亿元，已集聚智能网联新能源汽车产业企业 40 余家，初步构建了涵盖整车、关键核心零部件、汽车软件、智能网联、新型储能等领域的产业体系。2023 年 1～10 月，科学城集成电路规上工业实现产值 77.7 亿元，占全市比重约 42%。2023 年科学城签约重点招商项目涵盖智能网联新能源汽车核心零部件、软件和信息服务、生物医药等新兴赛道和重点领域。其中，华院计算重庆暨西南区域中心项目将以"深度赋能数字重庆建设，推动人工智能技术生态集聚"为目标，密切联合重庆地区政产学研机构。迈威生物西部科学城生物药 MAH 集群项目也是此次签约的一大亮点。塔科玛创新工作室、中国电子技术标准化研究院、中青旅、香港科技大学等 41 家企业、学术机构与特斯联集中签约，其中研发基地项目 13 个、联合实验室项目 4 个、区域总部项目 12 个、数据中心项目 10 个、战略合作项目 2 个，全部为电子信息产业领域项目，总投资额超 100 亿元。

（3）创新资源不断丰富。西部（重庆）科学城位于主城区，重庆高校为科学城的建设提供了丰富的创新人才资源。重庆高校科技委第一次全体会议中指出，截至 2022 年，重庆市现有高校 74 所（包括普通高等学校 68 所、成人高等学校 4 所、在渝军队院校 2 所），高校（不含军校）科研人员共计 26790 人，具有高级以上职称 10408 人。根据教育部科学技术司编写的《2022年高等学校科技统计资料汇编》等资料显示：重庆市 2022 年研究生在校学生数为 15.37 万人，毕业生数 2.4 万人；本科在校生数 87.24 万人，毕业生数 31.5 万人。根据重庆市知识产权局的统计数据显示，2022 年。重庆市知识产权创造水平稳步提升，全年授权发明专利 1.22 万件、实用新型 4.66 万件、外观设计 0.77 万件。国际专利（PCT）申请 451 件，同比增长 14.7%。同时，每万人口发明专利拥有量达到 16.14 件，较 2021 年增长 22.1%，每万人口高价值发明专利拥有量达到 5.48 件，专利密集型产业增加值占 GDP 的比重达到 10.8%。近 5 年来，市教委投入专项经费近 6000 万元，分层分类实施人才项目，搭建起以学术学科领军人才、巴渝学者特聘教授、特支计划教学名师培养为引领，优秀人才、青年骨干教师为主体的培养支持项目平台，大力培养各学科专业领域的领军人才，基本形成了成熟的人才梯队。

（4）开放共享初具成效。2021 年，西永微电园实现外贸进出口值突破 3200 亿元，占全市 42.1%，在全国综保区中排名第四。重庆市口岸物流办数据显示，2023 年 1~8 月，重庆经西部陆海新通道运输货物 10.9 万标箱、同比增长 15%，货值 169 亿元，与去年同期持平，货量、货值占通道全线总量的 27%，均位居通道沿线前列。通道网络辐射全球 120 个国家和地区的 465 个港口，基本实现"一带一路"沿线全覆盖。截至目前，参与共建"一带一路"的国家中，有 8 个国家在渝设立领事馆，重庆与共建"一带一路"国家结为国际友城、友好交流城市分别达 31 个和 77 个。

（5）体制机制创新。2019 年 4 月，市委、市政府赋予高新区建设重庆科学城的战略定位和发展使命；同年 12 月，市人大常委会出台《关于重庆高新技术产业开发区行政管理事项的决定》，明确高新区管委会作为市委、市政府派出机构，实行"一区多园"管理体制。2020 年，为深化"放管服"改革，推动重庆高新区高质量发展，重庆市政府向重庆高新区下放 418 项市级行政权力事项。2022 年，按照"依法依规、需求导向、能放尽放、全程监管"原则，积极推进向西部（重庆）科学城管委会下放市级行政权力并实行动态调整。推动加快赋予西部（重庆）科学城管委会行政主体地位。深化"小政府、大服务"改革，制定实施、动态调整权力责任清单和市场准入负面清单。高新区管委会行使市级行政管理权限，对辖区实行"六统一"：统一规划布局、统一产业政策、统一招商引资、统一项目审批、统一财税政策、统一综合执法。

3.1.2　科学城建设存在的问题

重庆市通过"举全市之力、集全市之智"建设西部（重庆）科学城，目前全市拥有的创新资源及创新能力在一定程度上影响了科学城建设的"高度"，具体表现为。

（1）创新平台建设有待加强。一是现有科技创新平台偏少，高端平台稀缺。根据相关年度报告显示，截至2021年底，国家级重点实验室10个，远低于北京106个、上海30个、武汉20个；拥有的国家备案众创空间数量，重庆53个，低于北京137个、四川66个；拥有国家级科技企业孵化器26个，低于四川45个、上海62个、湖北72个。二是资金支持平台建设有待加强。重庆资本市场不发达，企业融资渠道相对单一，很大程度上制约了企业科技创新能力。2021年高新区金融服务机构数量，重庆5702个，远低于四川14223个、山东15506个。此外，重庆财政资金支持创新发展的产业基金呈分散化、碎片化，难以形成合力。

（2）创新主体能级有待提升。一是创新企业缺乏，根据中商产业研究院数据显示，2022年拥有的高新技术企业数量，重庆6348个，远低于四川3595个、北京20297个、上海7668个、山东4246个。二是参与创新的人才缺乏，且大部分高层次人才集中在高校和科研机构，产业创新一线汇集不够。2021年R&D人员全时当量，重庆4.29万人次/年、四川9.35万人次/年、北京21.38万人次/年、上海9.68万人次/年、山东16.03万人次/年。三是高校及学科建设不足，重庆对科学城的人才供给质量有待提升。重庆高校仅65所、低于四川126所、北京93所、山东146所。在办学层次上，重庆本科高校40%，低于四川41.2%、上海61%。国家级一流学科重庆4个、四川14个、上海54个；国家重点学科重庆33个，远低于四川58个、上海125个。

（3）创新环境有待优化。大科学工程建设滞后，重庆大科学装置和重大科技基础设施仍未实现零的突破，导致源头创新与核心技术创新能力不足，前沿创新成果不多。根据国家知识产权局数据分析，2021 年重庆有效发明专利 2696 件，占全国比重仅为 0.8%；发明专利申请量重庆占全国比重仅为 1.43%，授权发明专利重庆占全国比重仅为 1.54%；2022 年中国共受理 PCT 国际专利申请 7.4 万件，广东、北京、江苏分别以 2.42 万件、1.14 万件、0.69 万件排名前 3 位，重庆仅为 451 件，整体数据较差。从高新区看，2021 年规模以上工业企业专利申请量，重庆 22240 件，远低于四川 41236 件、江苏 207371 件、湖北 54807 件。2021 年高新区技术市场交易额，重庆 1845180 万元，远低于四川 13886947 万元、北京 70056517 万元、上海 25454910 万元、山东 24777895 万元，科技市场交易的活跃程度较低，创新生态环境有待优化。

（4）创新网络链接有待完善

政府部门、企业、高校和其他研发机构进行大量协同合作从而形成创新网络链接，加强创新网络链接可以有效增强创新生态系统的稳定性。目前，重庆科学城存在政产学研协同创新不够、区域创新协同机制尚未形成等问题。根据 2022 年高新区数据显示，重庆高校、科研院所来自企业的经费 549.1 亿元，低于四川 732.7 亿元、北京 1240 亿元。重庆企业来自政府的经费 12.76 亿元，低于四川 33.37 亿元、北京 34.9 亿元、上海 34.95 亿元、山东 29.8 亿元。重庆科技资源布局较为分散，各科技园区"单兵作战"，尚未形成协同合作、联结共生以对接外部创新资源的体制机制。此外，西部科学城重庆和成都的建设中虽有加速深入合作，但合作机制的顶层设计方面协同性、统揽性和联动性仍然没有形成，存在行政壁垒。

（5）体制机制有待进一步完善。西部（重庆）科学城实行"一区多园"体制，打破了原有的利益分配格局，面临三方面问题：一是高新区各拓展园之间发展不平衡的问题；二是各拓展园实行高新区管委会与属地政府"两头管理"，在开发建设过程中存在配合的问题；三是打破原有财税收入的地域结构，拓展园企业注册地点、税收利益分成、土地开发收益等方面存在利益冲突。

综上所述，西部（重庆）科学城处于区域创新生态系统发展初期，相较于北京中关村科学城、上海张江科学城还较为落后，在创新资源、创新环境、创新平台、创新网络、创新群落等指标方面还有所不足，所以深入探究生态位适宜度，对西部（重庆）科学城的发展有着至关重要的作用。

3.2　科创走廊建设现状及问题分析

3.2.1　科创走廊建设现状

成渝绵科创发展与成渝地区三次大的区域发展定位密切相关：

一是成渝经济区发展定位。2003 年，中国科学院地理科学与资源研究所的研究报告《中国西部大开发重点区域规划前期研究》首次在国家层面的报告中出现成渝经济区的概念。2011

年 5 月，国务院正式批复《成渝经济区区域规划》发展定位是：建成西部地区重要的经济中心、全国重要的现代产业基地、深化内陆开放的试验区、统筹城乡发展的示范区和长江上游生态安全的保障区。该定位中尚未对成渝区域协同创新进行专门说明。

二是成渝城市群发展定位。2016 年 4 月国务院印发的《成渝城市群发展规划》发展定位是：全国重要的现代产业基地、西部创新驱动先导区、内陆开放型经济战略高地、统筹城乡发展示范区、美丽中国的先行区。其中，在西部创新驱动先导区中提出要充分利用成渝绵的创新资源优势，发展重点行业和技术，集成创新资源，推进全面改革试验和科研成果转化，激发创新活力，推动军民融合发展，建设成为西部创新驱动先导区。

三是成渝地区双城经济圈发展定位。2020 年 1 月召开的中央财经委员会第六次会议明确提出，推动成渝地区双城经济圈建设（见图 3.2），在西部形成高质量发展的重要增长极。对成渝地区新定位：建设具有全国影响力的重要经济中心、科技创新中心、改革开放新高地、高品质生活宜居地。在新定位中明确要建成具有全国影响力的科技创新中心。

党中央将成渝地区双城经济圈发展确立为国家战略以来，成渝地区协同创新得到持续推进，2020 年 4 月重庆市科学技术局与四川省科学技术厅签订《进一步深化川渝科技创新合作增强协同创新发展能力共建具有全国影响力的科技创新中心框架协议》，拟在联合争取国家支持、推进成渝地区区域协同创新共同体建设、推进成渝地区开展关键核心技术联合攻关、推动成渝

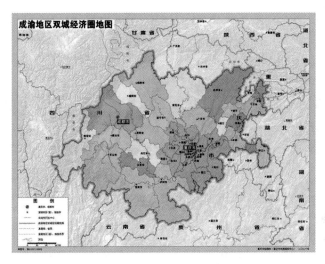

图 3.2 成渝地区双城经济圈地理位置图

地区科技成果转化和产业化、深化成渝地区国际科技合作交流、推进毗邻地区创新发展、持续优化成渝地区科技创新环境等七大方面展开合作。并提出将以"一城多园"模式合作共建西部科学城，深化成渝地区国际科技合作交流。通过调查研究，剖析成渝绵科创走廊的发展现状，如下所示：

1. 科技投入方面

成渝地区科技资源要素加速集聚、科技研发投入强度持续提升、科技创新能力不断增强。在科技投入中的关键指标——R&D经费内部支出方面，根据相关统计公报数据分析，成渝绵地区的 R&D 经费内部支出在十年内保持逐年上升趋势，重庆地区的 R&D 经费内部支出略高于成都地区，两者都是绵阳地区的两倍左右。以重庆为例，根据《2022 年重庆市科技投入统计公报》数据显示，2022 年，重庆市共投入研究与试验发展（R&D）经费 686.6 亿元，较上年增加 82.8 亿元，增长 13.7%；研究与试验发展（R&D）经费投入强度（与地区生产总值之比）为 2.36%，比上年提高 0.2 个百分点。按研究与试验发展（R&D）人员全时工作量计算的人均经费为 53.3 万元，比上年增加 4.4 万元。2016～2022 年重庆市 R&D 经费支出与投入强度情况见图 3.3。

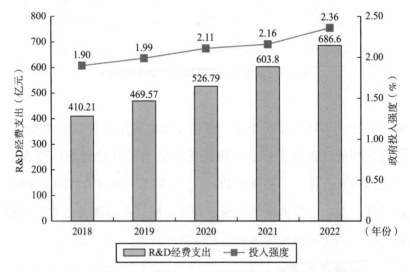

图 3.3　2018～2022 年重庆市 R&D 经费支出与投入强度变化

根据城市科技经费投入统计公报发布数据来看，2021 年，川渝两地 R&D 经费支出达到 1818.36 亿元，占全国的 6.5%，重庆、成都、绵阳总体研发经费投入强度分别为 2.36%、3.52%、7.15%，均位居西部前列。重庆，成都，R&D 经费支出占 GDP 比例持续提升，2022 年分别达到 2.16% 和 3.17%。绵阳市 R&D 经费投入占 GDP 比重达 7.15%，科创指数达到

72.89%，居全国前列。2017～2021 年川渝两地 R&D 经费支出
情况见图 3.4。

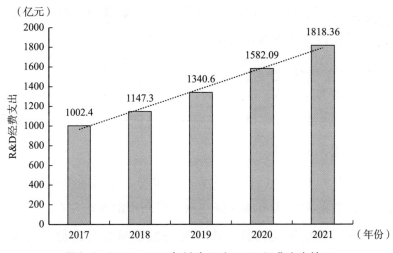

（亿元）

图 3.4　2017～2021 年川渝两地 R&D 经费支出情况

　　另一方面，创新人才和创新主体加快集聚。据城市科技经费
投入统计公报显示，2021 年，川渝两地规模以上工业企业研发
人员达到 16 万人，同比增长 13.5%，两地引进海外高层次人才
2256 人，集聚两院院士 83 人。其中重庆市、成都市以及绵阳市
的规模以上工业企业 R&D 人员全时当量分别为 83845、37652 和
13023 人次/年，从时序数据来看，成渝绵三地的规模以上工业
企业 R&D 人员全时当量总体呈上升趋势。在创新系统内部进行
比较，成都的规模以上工业企业 R&D 人员全时当量是绵阳的两
倍，重庆的规模以上工业企业 R&D 人员全时当量是成都的两
倍、绵阳的三倍左右，且都在西南地区处于领先地位。从人才培

养来看，高校是创新活动的重要阵地，地区 R&D 人员全时当量必然与地区的高等学校以及研究机构数量挂钩。成都市作为省会城市、重庆市作为直辖市，聚集了大量优质的教育资源，在西部地区具有较大优势；绵阳市虽然受到城市规模的限制，但受到政策的照顾，拥有众多科研院所，科创潜力非常强。

2. 技术转移方面

研究表明：重庆市在 R&D 项目数方面遥遥领先，达到 19797 项。有效发明专利数方面则是成都略高于重庆，2022 年该指标约为绵阳的 5 倍。

技术合同数方面，各地都呈上升趋势，但成都地区 2021 年技术合同数约为重庆市的 5 倍左右、绵阳市的 6 倍左右。与技术合同数相挂钩的三地的技术市场交易额都呈上升趋势，成都区 2021 年技术市场交易额远高于重庆，约为重庆的 4 倍左右、绵阳的 10 倍左右。考虑到是因为成都市的高新产业相较于其他两地更为发达，且成都市境内高等学校学术水平排名相对更加靠前。成渝地区大学与京津冀和长三角地区的大学在教学和科研人员投入、经费投入上的差距趋于平稳，但科研人员方面的差距逐渐拉大；成渝地区除了出版专著，在发表学术论文和技术转让收入的产出比长三角地区的大学要多，与京津冀地区大学科研差距逐渐变小。

科技成果产出和转化能力不断提升。成渝地区立足解决"卡脖子"技术问题、聚焦人工智能、大健康、信息通信、智能制造、资源环境等领域，开展联合攻关项目 60 余个，区域协同创新和整体转化能力得到大幅提升。发明专利数量大幅增长，成功突破一批领先技术，直线感应加速器、自由电子激光等领域多项技术国际领先，据相关统计年鉴数据分析，2020 年末两地拥有有效发明专利数量达到 10.75 万件同比增长 14.7%。高新技术产业和科技企业加速发展。截至 2021 年 9 月，累计培育科技型企业 3.5 万余家，高新技术企业突破 5000 家。各类高新区拥有高新技术企业占全市 30% 以上，工业产值占 40% 以上，全市科技进步贡献率提高到 59.5%。"芯屏器核网"全产业链不断壮大，"云联数算用"全要素群加快集聚，"智造重镇""智慧城市"正成为城市新名片。2018～2022 年重庆市高新技术企业增长情况及万人有效发明专利数量见图 3.5。

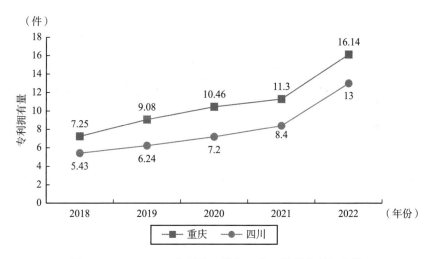

图 3.5　2018～2022 年川渝两地每万人口发明专利拥有量

3. 技术应用方面

成都市 2022 年高新技术产业产值为 1.1 万亿，增速为 11.4%。成都市的高新技术产业相对于其他两地来说更为发达。

要发挥绵阳科技城和西部科学城在核技术、航空航天、电子信息、交通运输等优势，形成产业链。大力发展核技术、核医学技术、核废物处理设备等产业。培育高层次创新人才，发展新的国之重器，使我国的创新人才由输入型向联合输出型转变，从而使地区创新能力得到提高。

据 2022 年重庆外贸进出口新闻发布会情况报道，2022 年，川渝外贸进口总值也创下历史新高。重庆进出口总值达 8158.4 亿元人民币，较上年增长 2%。其中，出口 5245.3 亿元，增长 1.5%，进口 2913.1 亿元，增长 2.9%。而四川省货物贸易进出口总值 10076.7 亿元，同比增长 6.1%。其中，出口 6215.1 亿元，同比增长 9.2%；进口 3861.6 亿元，同比增长 1.3%。

成都地区与重庆地区的高新技术产业出口额占营业收入比例在 2019 年以后基本持平，2019 年以前成都的该项比例远高于重庆市，绵阳市在该项指标上表现突出，考虑是因为高新技术产业体量较小。科技创新成果转化成效明显。据 2022 年度全国技术合同交易数据发布显示，2022 年重庆市技术合同成交额为 630.49 亿元，技术合同成交数达 6919 项，同期成都市技术合同成交额突破 1400 亿元。

4. 创新环境方面

研究显示，成渝双城经济圈在 2020 年实现约 6.6 万亿元的区域生产总值，在全国的比重达到 6.5%。较 2016 年提高了 0.3 个百分点；2021 年 1~9 月，双城经济圈地区生产总值约 5.3 万亿元，占全国比重稳定在 6.5% 左右，增长极和动力源特征初步显现。其中重庆，四川范围 GDP 总量分别占双城经济圈比重约

为 34.8%、65.2%。2020 年，双城经济圈人均 GDP 约为 6.73
万元，剔除价格因素，较 2016 年实际增长 26.0%。汽车，电子
信息，装备制造，消费品等主导产业协同发展实施方案相继出
台，产业协同发展水平持续提高。成渝地区双城经济圈内国家
级经济开发区增至 13 家，占西部地区总量的 26.0%，形成了
"2＋12＋13"的国家级开发区体系。园区共建不断突破，成渝
地区工业互联网一体化发展示范区启动建设，认定授牌双城经
济圈首批 20 个产业合作示范园区，签署 40 余份产业园区合作协
议。成立川渝产业园区发展联盟，吸引两地 90 余家重点园区，
179 家优势企业，12 家银行省级分行，10 余家商业协会及 20 余
家服务机构加入，初步形成多主体融合产业发展共同体。成渝
地区双城经济圈协同创新战略平台、创新生态加快完善，科技
创新资源要素加快集聚，关键核心技术攻关、科技成果转化成
效显著，协同创新能力稳步提升。围绕提升成渝地区产业创新
能力，逐步形成一批产业关键共性技术研发平台、创新公共服
务平台、科技资源共享平台。一是战略创新平台加快建设。聚焦
战略性创新领域，合力建设成渝综合性科学中心，推动国家级
新区、国家级高新区等重点平台全面对接，研究谋划 200 个重大
支撑项目、15 个重大科技基础设施，总投资超过 3000 亿元。西
部科学城按照"一城多园"模式的高标准建设。重庆两江协同
创新区、中国（绵阳）科技城等重点项目加快建设。

创新环境方面，绵阳市的政府投入占 R&D 经费内部支出的
比例相对来说更高，而重庆市和成都市差距不大，主要原因是
绵阳拥有国家级省级重点实验室、工程技术中心等平台 156 家，

在政策上有很大的倾斜；绵阳市拥有29名"两院"院士和232万名各类专业技术人才，在成渝各大城市中，绵阳市每万人受高等教育人数名列第二，科技资源集中程度居于西部首位。但绵阳市企业对高校的创新资金投入很少，严重限制了绵阳市的科技成果的商业转化，未能实现创新系统的良性循环。成都市的高新企业数相对于其他两地更多，创新载体水平高，经济环境良好。重庆市和绵阳市高新技术企业数较少，有待进一步的发展。

另外，2021年川渝协同创新专项工作组第三次会议指出两地共同组建运行川渝科技创新资源互联互通共享平台系统。该系统可整合开放共享两地价值112亿元的大型仪器设备1.4万余台（套），实现用户统一身份认证、一键登录、仪器设备共享等功能，推动共享科技专家2.6万余人。科技资源互通共享局面逐步显现。一是科技金融支撑更加有力。共同争取国家重大科技专项支持，协同发布筹建3只创投基金，设立总规模50亿元的双城经济圈科创母基金，已实现1.1亿元项目投资，规模20亿元的西南首支成果转化股权投资基金落户西部（重庆）科学城。二是科技创新协作机制不断完善。定期召开川渝协同创新专项工作组会议，共同签署《川渝大型科研仪器设备数据开放共享合作协议》，制定《川渝共建重点实验室管理办法》等协同创新政策制度，推进川渝毗邻地区科技特派员互派互认，推动建立外国高端人才互认等创新人才工作机制，探索开展外国专业人才（B类）工作许可互认试点工作，促进川渝高端人才信息资源共享。三是重大科创基础设施逐步完善。两地加快打造多领域、多类型、协同联动的重大科创设施集群，推动一批带动性强、影响力大的重大科创基础设施布局落地。建成投用北京大学重庆大数据研究院，运行国家川藏铁路技术创新中心。首台国产医用回旋加速器正电子药物制备中心顺利落成，同位素及药物国家工程研究中心成功获批，高海拔宇宙线观测站记录发现人类最高能量光子。超瞬态实验装置、长江上游种质创制大科学中心、中国自然人群生物资源库重庆中心、国家应用数学中心等项目建设加快推进。

3.2.2　科创走廊建设存在的问题

（1）科技投入有待加强。一是区域创新能力较弱。创新要素和投入不足，国家级科研平台布局偏少，据相关统计报告数据显示，成渝地区的国家重点实验室数量仅为京津冀的16.0%、长三角的23.6%、粤港澳大湾区的45.6%。"两院"院士数量不足上海的1/2，北京的1/10。区域 R&D 经费投入总量仅为京津冀的1/2，长三角的1/4，投入强度低于全国平均水平。从四个科创中心来看，成渝两地研发经费投入占 GDP 的比重长期低于全国平均水平，更低于上海、北京、深圳等国际科技创新中心水平；成渝地区"双一流"大学数量仅相当于长三角地区的28.6%、京津冀地区的24.4%。相比北京、上海、广州等发达城市，重庆集聚的国家科研重器、科研平台和人才数量相对较少。据重庆社科院数据显示，重庆双一流高校只有2所，仅为上海的12%、四川的1/4。国家重点实验室和国家工程技术研究中心 20 个，远低于广东（61 个）、上海（57 个）、四川（31 个）。在渝两院院士仅 17 人，不足四川的 1/3、陕西的 1/4。全市 R&D 经费投入强度尚未达到全国平均水平（2.4%），低于相邻的四川和陕西，远低于北上广一线城市。

为成渝双城经济圈建设提供高层次的创新人才，是西部高校的艰巨任务。成渝地区在创新人才培养资源上还存在布局不均衡和不充分的发展等问题。与其他三大经济圈相比，存在一流学校和学科都不足的局限。成渝双城经济圈发展规划的产业布局与当前各地区高校的一流学科布局存在异位情况，学科结构还不能满足区域经济发展需要，在生态保护、人工智能等领域布局不合理。

（2）技术转移转化效率低下。党中央提出推动成渝地区双城经济圈建设重大战略，赋予成渝地区建设具有全国影响力的科技创新中心的重要使命。成渝地区取得了一些核心技术领域的重要突破，但总体的技术创新水平依然低。国家知识产权局数据显示，2022 年，成渝地区每万人发明专利拥有量为 9.2 件，仅为京津冀的 39%，长三角的 29%，代表较高创新水平的国家科技进步奖只有 34 项，远低于京津冀（103 项）、长三角（89 项），创新产出水平不高，区域创新以实用型创新为主，基础创新、原始创新水平低，创新溢出效应有限，对经济社会转型升级的引领支撑不足。四川省和重庆市分别有 8.4 个和 11.3 个，比全国平均水平低很多。2010~2022 年成渝区域的专利技术结构与 2000~2010 年比较，有"技术锁定"的风险，所以，在技术"后发"的成渝区域，如何加快技术演进，推动区域技术研发，是成渝地区建设全国性科技创新中心的核心。

　　成渝区域创新协作合力不够。川渝两地技术交易市场规则标准不统一，科研院所、国家重点实验室等国家级科研创新主体、重大科研平台的对接不足，创新资源跨区域共建共享、创新人才共引共育共用、创新成果异地转化和互认互用等创新协同机制尚不健全，区域协同创新水平有待提升。

　　（3）技术应用效果有待进一步提升。一是成渝两地对合作创新的定位不明确。长江三角洲创新系统的基本模式是"一核多圈"，以上海为中心，建立多个创新产业的圈层。各地各司其职维持这个体系正常运转。而成渝地区建设创新体系中最大的问题就是对成都、重庆的定位。因为两地的经济、产业、文化等方面相似，两地在定位中有重复。所以，在确立两地的"双核心"地位的同时，最重要的是找到共同的利益，进行高层协调，建立协调机构给两地明确的分工，建立以双核为中心的城市群的外环。二是两地缺乏对相同产业的协作。成都和重庆都有相对独立和完善的产业体系，但产业结构同质化，所以也存在一定的产业竞争。以这两个城市最有代表性的园区产业布局为例，重庆两江新区与成都天府新区均以发展汽车、电子信息、高端交通装备、新材料等为重点产业。而这两个代表性新区之间的交流合作不够，形成产业竞争，也必将影响整个四川和重庆的合作。三是协同发展理念不强。重庆和四川在制定经济发展政策和产业布局时缺乏区域协同发展理念，形成不必要的资源竞争，同时，也会在一定程度上阻碍两地的产业协同与经济合作。

　　与国内和国际上其他创新经济圈相比，一方面，成渝绵科创走廊存在创新资源不足，地区异质性不强，无法形成优势互补；另一方面，成渝绵的主要创新产业还集中在电子设备的加工、汽车等创新性不强的行业，不符合国家对经济高质量发展的需求，在高尖领域的创新实力较为薄弱，与其他几个创新经济圈还存在较大差距。

（4）创新环境有待提升。根据各地区统计局数据发布数据显示，2022 年京津冀 13 个城市共完成 10.02 万亿 GDP，占全国 8.3%，常住人口约 1.1 亿人，占全国的 7.6%；珠江三角洲经济圈 15 个城市完成 GDP10.47 万亿人民币，人均 GDP 高达 13.4 万人民币，居五大城市群之首；2022 年长三角城市圈 GDP 超 29 万，2020 年共完成 GDP20.5 万亿，占全国的 20.18%，居三个经济圈首位。人均也高达 13.19 万，高于其他两个经济圈。从人口看，珠三角、长三角近五年常住人口年均增量领跑全国，分别年均增长 335.8 万、267.3 万人，从人均 GDP 水平上来看，成渝绵虽发展劲头最足，近三年经济年均增速 7%、为五大城市群最高，但与其他三大经济圈还存在一定的差距，成渝绵地处内陆，缺少沿海经济圈发达的海运港口，在贸易交流方面制约了自身的发展，又因为国家对于沿海城市在政策方面的一些倾斜，发展速度相较来说更为缓慢。

协同创新政策和机制有待完善。重庆与四川在企业技术创新、人才引进等方面的激励政策仍存在差异，缺乏激励高新技术产业协同发展的财政税收分享机制和制度体系。跨区域高新技术企业、中介机构等市场主体的有关资质互不认可，地区间"抢企业"、企业间"争人才"等现象依然存在。川渝两地虽然已建立协同创新专项工作组，签订了系列创新合作协议，但对比长三角、珠三角地区，成渝地区尚未建立常态化、链条化的区域创新网络体系，区域协同创新体制机制还不健全，区域重大创新事项协同推动效率较低。

《中国金融科技燃指数报告（2022）》显示，长三角、粤港澳、京津冀金融科技企业数量占全国 70% 以上，成渝绵科创走廊若想对标其他三大经济圈，还有较大差距。2022 年，京津冀地区计入统计高新企业数为 516927 家，长三角地区计入统计高新企业数为 71291 家，粤港澳地区计入统计高新企业数为 96695 家，而成渝绵地区计入统计的高新企业仅为 12184 家，且三大经济圈的高新技术企业都集中在信息技术、电子通信、互联网等比较高新的领域，成渝绵地区的高新企业无论是在数量还是质量上，都与长三角、京津冀和粤港澳有很大差距。

同时，由于成渝绵地处西部，地方财政能力有限，政府对 R&D 活动的投资不足，加上缺少高新技术企业，R&D 活动明显不足。反观长三角地区，深圳市政府每年投入大量资金支持省属高校的创新活动。近几年，仅深圳市政府对深圳大学和南方科技大学的年预算经费资助就达到了 30 亿～60 亿元，这两所大学也先后获评"双一流"。据重庆市教委官网和四川省教育厅报告数据显示，2022 年重庆市获得市政府经费最多的学校的经费为 16.42 亿元，四川省属高校所获经费最多也仅 18 亿元。与三大经济圈相比，成渝绵本地政府对于 R&D 活动的资金投入还有一定差距。

重庆与成都在经济发展、产业结构等方面同质，在协同创新中对自身定位重复，成渝地区尚未建立起有效的区域协同创新机制，导致创新重复投入与不必要的资源竞争，尚未与长江经济带区域、"一带一路"沿线区域、粤港澳大湾区等建立广泛的、可持续的协作创新联盟关系。

综上所述，在成渝地区双城经济圈提出之前，成渝以往的合作中，大多聚集于交通基础设施、产业、区域、物流通道及公共服务等领域，极少涉及跨区域科技创新合作，不利于成渝地区创新要素的交流、合作、对接、共享、融合，难以推动区域协同创新、科技成果产业化。

第 4 章

国内外典型区域科创
中心发展经验借鉴

4.1 国内外科学城发展经验借鉴

从全球经验来看，科学城的规划建设从 1950 年开始，于西方起步，1970～1990 年达到发展的高峰期。我国的科学城建设起步很晚，但也意味着我们可以广泛吸取全球同类先驱们的经验与教训。目前，国内外已经形成以美国橡树岭国家科学实验室、日本筑波科学城、中国北京怀柔科学城等为代表的单一功能园区模式、功能多元的城区模式、产学研一体的城市模式等 3 种典型模式，为西部（重庆）科学城建设提供借鉴与启示。

4.1.1　国外科学城发展经验借鉴

4.1.1.1　日本筑波科学城

1. 日本筑波科学城发展历程

日本筑波科学城坐落于日本筑波山脉，始建于 1963 年，总覆盖面积 284 平方千米，由 6 个町村构成，人口总数约 20 万。截至 2016 年，科学城拥有 30 个国立研究机构，300 余个民间科研机构，在科学城范围内设有高校——筑波大学。政府大力推进科学城内产学研一体化发展，使得筑波科学城成为一个综合性的科研城市，区域内高校为科研机构的发展提供了充足的人才储备，科研成果多年以来持续涌现。

根据筑波科学城发展规划战略定位及发展历程，筑波科学城的发展历程可分为以下 3 个时期。

（1）1970～2000 年：基础设施建设、成果产出阶段

科学城持续产出一批高质量的科技研究成果，如 20 世纪初筑波大学的名誉教授白川英树获诺贝尔化学奖。同时筑波新城投入建设，在建期间政府进行科学规划、合理规划建设用途、保证居民生产用地，形成纵贯南北的城市布局，加强对外部科研机构吸引力，持续增强科学城的科研潜力。

（2）2000～2010 年：知识集群化、产业集群化改革阶段

在此阶段，部分国立科研机构重组，科学城内部科研机构数量减少、科研实力壮大。针对此变化，日本政府推行了"知识

集群化""产业集群化"改革，助推内部科研实力提升，在区域内营造良好的产业环境氛围，为科学城科技创新能力飞跃提供了新的契机。

（3）2010 年至今：国际战略特区发展阶段

2010 年开始，筑波科学城开始推行综合特区改革，包括设立"国际战略特区"与"提升区域活力综合特区"并进行两种配套制度改革，旨在整合经济引领能力及国际区域竞争优势，积极发挥区域优势资源的作用。

2. 日本筑波科学城发展模式

筑波科学城是日本政府为实现"科技立国"的战略目标而建立的科技产业园，也是为了缓解东京产业过度密集而建立的科学城。其发展模式由以下三点构成。

一是政府导向型科学城。筑波科学城是由日本行政管理机构牵头、地方公共单位与其他执行单位共同参与建设，并设立专门的管理部门负责全程监督建设与管理，该部门直接对日本首相负责。同时，政府大力支持国际科研会议在筑波科学城召开。如 1985 年世博会的召开一方面为科学城吸引外部研发机构提供了条件，另一方面扩大了筑波科学城的国际知名度。在世博会召开期间，政府加大资金投入，保证会场建设、基础设施建设，带动了周边产业发展。

二是产学研结合的协同方式。筑波科学城推行教育与科研融合发展模式，在科学城内部，筑波大学与多所研究机构建立合作关系，实现有机联系。筑波大学大力打造开放型的校园，为区域居民及区域内研究机构人员提供相应的科研基础设施服务。

三是法律的支撑作用。法律作为当代社会最重要的制度，对经济社会的平稳运行提供支撑作用，筑波科学城的成功离不开完备的法律制度保障。在制定筑波科学城相关法律法规时，考虑当地的实际情况，针对不同科技行业制定了相应的法律法规，以及专门针对特定区域开展立法，为科学城的发展提供完备的法律支持。

4.1.1.2 韩国大德科学城

1. 韩国大德科学城发展历程

大德科学城坐落于韩国中部地区，周边基础设施完善，具有各类研发机构与相关专业院校。在政府的大力支持下，科学城内形成信息共享、设备共用、产学研共创的一体化格局。同时大德科学城在技术市场化方面成绩显著，成为韩国高新技术的孵化区，科学城内部产业规模不断扩大，高技术人才数量不断增多，成为真正的"人才发源地"。

1960年开始，高科技技术产业化在发达国家快速发展，为增强韩国国内科技创新动力、发展本土高技术产业，韩国政府大力推行国内科学城建设，在借鉴欧美国家发展高科技产业经验基础上，制定诸多有利于高科技产业发展的法律法规，建立韩国最大的科技园区——大德科学城，也是亚洲范围内最大的产学研基地，该科学城成为韩国近年来经济增长的动力源泉。

2. 韩国大德科学城发展的特点

第一，完善的基础设施建设。科学城内部高水平的基础设施建设为其科研和科创发展提供了基础保障。韩国充分考虑产业发展及居民的需要，建设了完备的基础设施，保障科学城内部科研发展需要，增强了科学城对科研人才的吸引力。

第二，产学研一体化发展。韩国大德科学城拥有多家科研机构，横跨不同领域。同时在韩国政府的大力投入下，大德科学城拥有忠南大学、大德大学等多所高级院校以及各类科研、行政、培训等服务型产业。在科学城内逐步形成设备共用、资源共享、产学研互助的高技术研发园区。近年来，科学城在创新成果产业化方面成果显著，不断产生新的科技突破，专利申请数逐年激增，成为韩国国内技术创新的增长点。同时科学城具有较强的国际竞争力，吸引多家国外研发机构进驻科学城。该特区成为韩国经济近年持续增长的源泉。

第三，成熟的科研成果转化系统。大德科学城建设了完备的产业链转换体系，科学城内各专业的研发机构、高等院校，高校与研究机构之间横向交流密切，能够充分实现信息资源共享，极大程度上提高了内部研发速度。同时科学城具备多样化的科研服务机构，能够高效率实现科学技术成果化，使科研成果能够快速转化为经济效益。

第四，政府导向性强。韩国大德科学城的建设参考日本筑波科学城的建设经验，在科学城建设期间，由政府全过程监督，设置专门部门负责科研园区的建设与管理，并对园区内的管理制度进行科学改革。政府为吸引外部研究机构及高科技企业进入，给予极大的税收优惠与政府补贴，为新进入企业提供良好的政策环境，提高了科学城的国际吸引力。在吸引外部资本方面，韩国政府放开政策限制，推行自由化的融资政策，为科学城内研究机构与高科技企业提供了多元化的融资渠道，助推科技企业快速发展。

第五，多样化国际发展道路。大德科学城参照日本筑波科学城的建设模式，在后续发展中，以政府注资为核心，吸收外部民间资本，实现多元化的融资方式。同时在科学城内部，既有国立的研究机构，又有各类民间机构，促进了科学城内部技术成果转化。伴随韩国政府支持力度加大，外来公司的数量不断增多，与国外研发机构越发密切的联系，其国际竞争力不断提高。

3. 韩国大德科学城发展模式

第一，阶段化发展模式。科学城的发展是一项长远性工程，需要针对不同发展阶段进行科学规划。在大德科学城的建设过程中，韩国政府遵循科学的园区建设规划与产业发展方针，实施"全局规划，分期建设"的政策。保证科学城内产业调整升级与技术创新保持一致，内部人员素质、知识储备与科学城科技水平保持一致。

第二，产学研一体化的发展模式。产学研一体化发展是科学城发展的显著特征，韩国大德科学城的发展得益于内部产业、研究机构、高校的有机结合与良性互动。在韩国政府大力支持下，科学城内部形成完善的科研成果转化系统，有效链接科学城内部各创新主体，加强科学城内部创新活力。

4.1.1.3 经验总结

日本筑波科学城和韩国大德科学城是典型的政府主导型科学城，其成功建设经验为我国众多科学城的建设提供了经验启示。

第一，高起点制定发展规划是政府主导型科学城发展的重要前提条件。对科学城进行定位时，要明确其既是科技创新资源聚集区又是科技资源城市。因此，在规划科学城城市功能时，既要满足区域内不同高校、研发机构的科研需要，又要做到以人为本，加强区域内基础设施建设，满足城市居民的需要。同时在制定科学城未来规划时，应保留部分建设空间，以防范未来科技创新快速发展带来的不确定性风险。

第二，构建开放型的科研环境，促进产学研一体化。科学城的建设应秉承开放的理念，加强与城市内部不同科研主体的相互交流与沟通，及时更新科学城内部观念，避免由政府主导的科研机构固步自封。我国的科学城应坚持创新理念，加强科学城内部各创新主体之间相互结合、实现良性互动，利用各创新主体的协同化发展，促进科学城内部知识共享，提高创新效率，从而推进产学研一体化发展，加快实现科技成果产业化。

第三，科学城的建设应将重点聚焦在创新资源，实现多元发展。科学城应聚焦优势学科建设，形成专业院校与综合性院校并存的格局，并通过优势学科的建设，吸引不同领域的科研机构与企业进驻，寻求新的知识增长点，为原始性创新奠定良好基础。

4.1.2　国内科学城发展经验借鉴

国内各地科学城建设日渐升温，各省市在全力推进科学城建设，共同构筑全国科技创新版图。以科技创新为核心功能的创新载体和城市开发如雨后春笋般纷纷涌现。由此可见，科学城规划和建设，是顺应全球科技革命和城市化浪潮的战略选择，是响应国家科技兴国战略的城市建设趋势。北京中关村科学城、上海张江科学城、武汉东湖科学城的发展经验为西部（重庆）科学城的发展提供经验和启示。

4.1.2.1　北京中关村科学城

1. 中关村科学城发展历程

中关村位于北京海淀区，规划面积235平方千米，作为核心枢纽沟通周边区域，承载首都科技创新功能。北京市政府为建设"具有全球影响力的科技创新中心"，将中关村科学城打造成为战略性新兴产业发源地。中关村科学城内拥有多所高校、研究所、重点国家级实验室、高科技企业，集聚了一批站在时代前沿的创新精英，研发出一系列具有世界影响力的重大创新成果，涌现出一批富有创新活力的民族企业。

（1）1953～2001年，此阶段为中关村建设初期，伴随着中科院研究所的进驻，相关高校、高科技企业、研究机构相继在此安家落户，政府初步完成中关村的社区环境建设及科学城功能设计。

（2）2001～2018年，此阶段为中关村科学城快速发展阶段。在此期间，北京市政府明确了将中关村建设成为"具有全球影响力的科技创新中心"的战略定位，充分发挥政府的宏观调控作用，实现企业、研发机构、高校之间的协同创新，推进中关村科学城产业集群化发展，形成集高校、院所、高科技企业、高端人才、社会组织、政府"六位一体"的协同创新格局。

（3）2018 年至今，中关村科学城以"三城一区"为重点，建设具有国际竞争力的全国科技创新中心。中关村科学城现已成为国家自主创新示范区、国际一流科学城，在高端技术领域持续涌现出一批前沿科技成果、关键核心技术。

2. 中关村科学城发展模式

第一，以政府为主导的产学研一体化模式。在政府的支持下，中关村科学城开展"城市大脑"项目，为"双一流"高校建设搭建了优质的创新成果转化平台，为企业创造良好的发展机会，有效实现产学研的优势互补、互惠互利和共进共赢。

第二，完善的政策支持。中关村科学城的发展离不开政策支持。政府构建完备的政策体系为中关村科学城的发展提供良好的支持作用，涵盖了宏观政策（如国家开发区政策等）、中观政策（如北京试验区发展政策）、微观政策（如科学城产业发展政策）。

4.1.2.2　上海张江科学城

1. 张江科学城发展历程

张江科学城地处上海浦东新区中心，与周边地区联动发展。上海市政府秉承开放的理念，集聚周边科研资源，培育具有国际竞争力的世界科学城，制定"科技要素更聚集、创新创业更活跃、生活服务更完善、交通出行更便捷、生态环境更优美"的发展目标。近年来，张江科学城不断从外部吸收高科技人才、前沿技术，推进科研中心的发展，如今基本形成产学研一体化发展格局。

（1）1992～2015年，此阶段为科学城初步建设阶段。从1992年张江被批准为国家重点高技术发展区开始，张江科学城的发展呈现阶段式上升的特点：一阶段从"引进经济型"上升至"创新经济型"；二阶段从"引进创新型"上升至"自主创新型"；三阶段从"基地创新型"上升至"引领创新型"。

（2）2016年至今，此阶段正式开启了张江科学城从"高科技园区"到"高科学城"的转型升级。政府注重提升产业集中度，加快推进一大批科学设施建设，加快集聚知名研究型大学和高能级研发机构；以国际标准规划建设张江科学城，打造世界级科技创新中心的增长极。

2. 张江科学城发展模式

第一，企业为科研的主体力量。张江科学城发展以企业为科研主体，实现科研结果的市场化、产业化，推动产学研协同发展并不断向"产"演变，提高科研成果市场化的转换效率。

第二，政府与企业的混合管理模式。张江科学城的管理模式为"企业＋管委会"的混合型管理模式。张江管委会负责科学城基础建设、外部引资等职责，为科学城内部企业、科研机构提供基础保障与研发资助，保证科学城内部企业研发的积极性。推行一系列的优惠政策，打破制约企业尤其是国有企业的发展瓶颈，为科学城的发展提供稳定的支撑环境。

4.1.2.3 武汉东湖科学城

1. 武汉东湖科学城发展历程

武汉东湖科学城为新技术开发区（以下简称东湖高新区），

别称"中国光谷",即"武汉·中国光谷",占地面积 518 平方千米,内有多个产业园区、高等院校、科研院所,拥有大量高尖端技术人才。东湖科学城现阶段已经成为全球最大光纤研发基地,拥有多家全球领军企业。东湖科学城的发展可分为三个阶段:

(1) 1980~2000 年,此阶段为东湖科学城的初步建设阶段。随着改革开放的推进,东湖科学城开始初步建设,1991 年正式获批为首批国家高技术产业园区。2000 年被批准为 APEC 科技工业园区。

(2) 2000~2012 年,此阶段为东湖科学城转型阶段。全国第九次政协会议明确"在武汉建设中国光谷",这是东湖科学城转型发展关键因素,推动东湖科学城内部产业结构优化升级。东湖科学城成为生物产业基地、一流科技园示范基地。

(3) 2012 年至今,此阶段为东湖科学城快速发展阶段。东湖科学城持续推进产业改革,加快科技成果转化,大力促进产学研一体化融合,培育科学城优势产业。东湖科学城成为国家首批双创示范基地,获批为中国自由贸易试验区。

2. 武汉东湖科学城发展模式

第一,企业、科研机构为创新创业的主体。东湖科学城通过鼓励高科技企业自主创新、科研院所改制等措施,加快推进科研成果转化,完善科学城内部创新创业体系,依靠高新技术产业串联起产业集群,打造高新技术发展矩阵。

第二,以市场为导向的科技创新。东湖科学城持续构建科研市场化平台、完善市场流通渠道、加快科研成果市场化,从而增强科研单位科研创造活力,加快实现技术创新成果市场化转换。

第三，提升创新能力与激发创业活力并重。东湖科学城的发展始终致力于人才培养，把完善人才链放在第一位，将科学城内部科研优势转化为人才优势，进而转化为科学城的发展优势与国际竞争优势。致力于走"科技培养人才、人才引领创新、创新驱动发展"的道路，为科学城内部科研发展提供创新氛围。

第四，政府提供融资支持与政策引导。一方面拓宽融资渠道，提供多元的融资方式，保障各类创新主体的资金需求，建立科技金融改革试验区。另一方面优化政府职能与服务水平，调整科学城政策体系，为东湖科学城内部发展提供政策支持。

4.1.2.4　经验总结

根据国内科学城的发展历程，可以总结出以下几点科学城的发展经验：

第一，构建完善的人才服务体系。提高 R&D 人才数量和完善人才服务体系是中关村科学城发展的有力支撑，中关村科学城从强化人才主体作用、完善市场化人才机制、创新人才发展培养模式方面入手构建和完善人才服务体系。政府应强化科学城的载体功能，完善人才服务体系，建立市场主导的人才服务体系，提供有黏性的国际人才服务，提供有温度的配套服务。

第二，坚持以政府为导向，建立产学研的发展模式。要建立以企业为主体、市场为导向、政府为支撑的产学研一体化发展模式。鼓励企业作为科研主体，建立完善的成果转化体系，最优化利用科学城内部科研技术，从而提高科学城的国际竞争力。

第三，建立完善的成果转化体系。科学城应建立多方位的孵化器，为科研成果转化建立良好的平台，加快实现高科技产业技术应用，并大力推动"双一流"高校建设及人才引进计划，为创新资源方面提供强有力的支撑。

第四，政府要对科学城进行高起点规划。科学城的发展应该结合现实情况进行科学规划，保证拥有完备的基础设施、配套服务、服务性产业，为企业、机构进行科研活动提供基础支持。根据人口结构合理规划科学用地，依托轨道交通，形成以公共交通为主体的交通出行结构，实现科学城与对外交通枢纽、城市中心的便捷交通联系。

4.2　国内外科创走廊发展经验借鉴

4.2.1　国外科创走廊发展模式经验借鉴

目前国外知名的科创走廊如美国 101 公路（硅谷）创新走廊、波士顿 128 公路走廊已经成为引领全球科技创新发展的重要集聚地。下面通过对国外科创走廊发展分析，总结建设经验，为成渝双城经济圈的发展提供借鉴和启发。

4.2.1.1　美国 128 号公路

美国 128 号公路是美国马萨诸塞州波士顿市修建于 1951 年的一条半环形公路，临近哈佛大学、麻省理工学院在内的几十所高等院校，公路两侧集聚有数以千计的从事高技术研究、发展和生产的机构和技术型企业。该区域在发展过程中历经几次繁荣与衰落。近年来，依靠医疗、航天、生命健康等高科技产业再度辉煌，成为世界著名创新中心。

美国128号公路区域的发展得益于政府的投入。1953年，美国空军在128号公路附近建立空军研究基地，并将林肯实验室迁至这里，此后这里发展成为美国空军战略研究中心，开始不断地往波士顿地区投入巨额经费。20世纪60年代到70年代，波士顿地区和128号公路收到美国国家航空宇航局的集中投资，这一时期国防部每年约有10亿美元的军事合同流向波士顿地区。70年代末，计算机技术的发展驱动了128号公路的经济复兴，128号公路抓住小型计算机民用市场发展契机，成为美国小型计算机发展中心和世界第二大微电子工业中心。

美国128号公路主要依靠足够的资金来源和政府的军工扶持，同时MIT（即麻省理工学院）对128号公路的发展有着决定性作用，才会有128公路再次崛起的机遇。其发展特点为：政府投入推动、高校与高技术企业相互促进，促进128号公路的发展。其成功的经验有以下三点。

一是政府支持，正是政府推动的巨额军事采购订单和特定的税收优惠政策为128号公路注入了经济活力。初期，政府建设空军研究基地是推动128号公路繁荣的开端，在128公路陷入经济危机时，政府又推动其发展软件和人工智能，使得128号公路获得了大量的联邦合同，并成为美国国防研究重镇。

二是提供良好的公共服务，基础设施优越。波士顿地区在地理位置上的优势，良好的公共交通系统使其与剑桥、牛顿等核心城市关系紧密。交通的便利和基础设施的完备吸引大量投资者和企业家涌入该地区，公路也随着地区的发展几次扩修。马萨诸塞州的"商务发展办公室"为128号公路地区的企业提供服务，无论税收政策、激励政策还是入住条件以及法务问题，都可以在这里得到全面的解决。

三是高校在推动地区创新创业发展中发挥重要作用。坐落于128号公路附近的 MIT 既重视科学研究又重视实践应用，为工业发展提供了大量领袖人才。在 20 世纪 60 年代，MIT 教职工在128号公路附近创办的公司达 175 家。MIT 不仅为128号公路地区带来研发投入，吸引军事和航空局设立研发基地，还提供了充足的科技创新人才，支持地区创新创业发展。波士顿各大学均在128号公路地区设有办公室，负责管理专利，寻找合作伙伴，走访企业并协调他们之间的关系，为企业提供信息咨询服务。大学的专利和成果，有偿向企业转让，带动了技术的转移与应用。大学不仅通过科技投入和技术支持促进128号公路的发展，也会为许多企业的内部管理、市场营销、发展战略等提供智力支持，也有大量优秀毕业生的加盟，使得企业与高校互相促进。

四是活跃的风险投资促进创新创业发展。波士顿地区，有多家风险投资公司，金融行业很发达，位居美国第二，为128号公路附近的企业家获得融资提供了有利条件。在小公司技术转移中作用巨大，它使技术、人才、资金迅速流入公司，对于技术的扩散，各类高新技术的商品化起着积极的推动作用。1977 年美国国家科学基金会（NASF）决定将其经费的1%用于资助从大公司中分离出来的小公司，小公司也可申请项目经费。这些对于其技术转移和技术应用子系统的发展都十分有利。

4.2.1.2 美国101号公路

在美国，与波士顿128号公路相互竞争的是101号公路，美国101号公路是以旧金山为原点，沿美国西海岸向北修筑的一条公路，旧金山环绕美国西海岸，101号公路贯穿的硅谷就是整个湾区核心。101号公路依托加州大学伯克利分校、斯坦福大学等众多知名大学，以及一批国家实验室为主的研发机构，产学研资一体，集聚了许多科技创新企业，培育了谷歌、脸书、特斯拉、惠普、英特尔、苹果等大批国际知名科技型企业。

旧金山湾早期是美国海军的研究基地，二战后NASA在此进行航天方面的研究，随即出现为航天服务的公司。1951年，斯坦福大学建立了世界上第一个位于大学附近的高科技工业园区——斯坦福工业园区，这使科技公司能在园区内获得低租金用地和大学最新的科技研究成果。此后，硅谷地区研究机构与企业数飞速增长。20世纪60年代，硅谷快速发展的微电子公司成为航天工业和电子工业的中心。80年代，随着计算机产业高速发展，硅谷的高新技术企业得到进一步发展。到了80年代中期，计算机已经超过半导体成为硅谷支柱产业。90年代随着进入互联网高速发展时期，硅谷很快成为互联网发展革命领袖，并成为世界上最具竞争力的创造性高科技产业聚集区。

硅谷的成长离不开政府投资，但更多的是依靠市场的力量，其发展特点为政府推动、市场主导促进硅谷的发展，主要集中在以下三个方面：

一是政府研发投入引导产业发展方向。硅谷地方政府提供大量研究经费给各大学，但政府研究预算是通过同行评审委员会盲审评估资助项目，然后以项目为基础直接授予项目负责人，而不是直接分配给机构。

二是高校对地区创新创业发展具有推动作用。斯坦福大学非常注重学生创新创业精神的培养，这为硅谷提供了大量具有创新思维的创业型人才。因为在冷战期间，斯坦福大学积极获取政府研究预算并与行业建立牢固联系，才有了斯坦福大学的崛起。如硅谷微电子公司的快速发展得益于国防部对硅谷微电子行业的支持。

三是领军企业引领技术创新和创业方向。谷歌、苹果、英特尔等企业是 101 号公路的领军企业，是全球科技创新发展的领袖。一方面，领军企业往往在人财物等方面的资源具有一定的垄断地位，依靠雄厚的资金和领先的技术等优势，带动科创走廊所在区域内的中小企业创新发展。另一方面，在激烈的市场竞争中，领军企业只有通过不断加速产品更新，才能更好地保持竞争优势、维护行业领先地位。128 号公路的发展基本不面向民用市场，与 128 号公路不同，硅谷在初期的发展也是依靠政府推动的军事订单，但随着自身优势的发展演化，其发展重心迅速转向民用市场。

四是公司收购促进创业文化。硅谷大公司希望通过收购获得知识产权、产品等创新资源，这在很大程度上减少了创业失败带来的经济损失，从而极大地提高了创业热情。硅谷的风险投资市场有很强的竞争力，从而对创业公司的选择和发展提供了监控机制，人才动态流动和跨国移民给硅谷带来极其深厚的人力资源。

4.2.1.3 经验总结

纵观美国 128 号公路与 101 号公路的发展历程，以下经验值得参考：

一是运用财政投入推动科技创新走廊发展。政府在科技创新走廊上加大研发投入，集聚创新科技企业，搭建创新创业孵化基地等平台，促进科技创新走廊的集聚发展。这两大公路发展都与美国政府建立的创新政策体系密不可分，其核心是公司创新，高效运作。美国专利保护制度的严密，创新主体的成熟推动政策，促进基础研究的发展，促进中小企业的技术创新与成果的转化。

二是充分发挥高校与科技园的互动发展。注重知名大学与工业园、科技园的协同发展，既发挥高校的辐射带动作用，又推动成果的快速转化。利用专业化的成果转化平台，推动成果转化。推动高校、科研院所、企业之间开展多种形式的交流与合作，支持高校建立专业技术转让机构，鼓励校企合作，共建研发机构，加强高校对产业支持评价考核体系，不断完善风险投资体系，建立政府和社会资本等多方参与的新型资本系统。

三是领军企业的带动、示范作用。领军企业的技术创新能力也对科创走廊内的其他行业起到很好的示范和导向作用，从而在行业之间形成一个良性的产业横向外溢的生态。加强对中小企业的扶持政策；强化小企业技术转移、技术创新、风险融资等方面的立法；加强企业知识产权保护，维护小企业创新权益；设立专业机构和地区网络，负责并协调中小企业的创新，提供全方位、一站式的援助和服务。

四是进一步鼓励风险投资发展。专业化的风险投资人拥有市场敏锐性，有利于风险投资的市场导向作用，有助于创业者集中精力开展专业化创新。

4.2.2　国内科创走廊发展经验借鉴

国内各地区在科创走廊发展上也形成了一系列良好示范，如广深科技创新走廊、G60 科创走廊、杭州城西科创走廊等，以其开放的创新环境、集聚的产业生态、自由的人才流动、高效的创业服务，成为新的区域发展增长极。本文通过对广深科技创新走廊和杭州城西科创走廊的发展分析，总结建设经验，为成渝双城经济圈的发展提供借鉴和启发。

4.2.2.1　广深科技创新走廊

广深科创走廊是一个全省科技创新走廊，由 2017 年发布的《广深科技创新走廊规划》首次提出，以广州市、深圳市、东莞市的十个创新平台为节点，通过广深科技创新走廊的连接，实现了"一廊联动"。

在规划方面，《广深科技创新走廊规划》中提出"一廊十核多节点"的空间格局，"一廊"即广深科技创新走廊，即依托广深高速、广深沿江高速、珠三环高速东段等复合型的交通通道，集中穗莞深三地的创新资源，将三市连接在一起，形成一个产业、空间、功能联动的创新经济带，建成珠三角区域创新示范区，全长180千米。通过建设广深科技创新走廊，充分利用广州高校、科研机构的集聚，深圳高新技术企业集聚、市场化程度高，东莞企业、工业园区集聚等方面的优势，在此基础上，对大湾区建设国际科技创新中心的发展目标和具体的路径进行了初步的规划。比如，规划和建设一批重要的科技基础设施和国家实验室，在深圳光明新区、广州南沙、东莞松山湖共同建设综合性国家科学中心。

在制度创新方面，一批具有改革性、开放性、普惠性的创新政策，如推动"钱过境、人往来、税平衡"等改革举措，推动人才、资金、技术、信息等要素在我国境内高效便捷流动，并在具有较好创新基础的区域建设一批战略核心平台。

在基础研究方面，针对广东一直以来基础研究薄弱的短板。围绕综合性国家科学中心的建设，加快广州、深圳、东莞等地的大型科学装置的建设，当前中国散裂中子源、国家基因库等国家重点科技设施也落户这一走廊。

4.2.2.2 G60 科创走廊

长三角G60科创走廊于2018年正式启动建设，贯穿G60国家高速公路和沪苏湖、商合杭高速铁路沿线的江苏、浙江、安徽和上海三省一市。G60上海松江科创走廊在建设后的几年内实现

了三个版本的转型升级，从 1.0 版本的上海松江 G60 科创走廊
到杭州和嘉兴加入后的 2.0 版本的沪嘉杭 G60 科创走廊再到包
含金华、合肥、芜湖等城市的 3.0 版本的"一廊一核多城"空
间布局的科创走廊。自建设以来，九城市在一体化和高质量发
展上呈现纵深推进的良好态势，成为长三角高质量发展的重要
动力源。如 2018 年 11 月，九城市共同发布了《G60 科创走廊九
城市协同扩大开放促进开放型经济一体化发展的 30 条措施》，
重点在产业体系、科技创新、外资准入等领域，从审批"一网
通办"到食品安全协同管理，破除了一系列体制机制障碍。

　　G60 科创走廊作为开放共享的国家长三角区域性协同创新战
略平台之一，采用"创新要素集聚、政府服务高效、创新主体
主动"的发展理念进行创新。其成功经验主要有以下三点：

　　一是聚焦创新要素资源支撑 G60 科创走廊建设。G60 科创
走廊汇聚了众多高新科技企业、国家和省部级重点实验室和科
研机构，为其发展提供良好的研发基础和创新能力。

　　二是打通产学研的联系积极创新，G60 科创走廊通过引入企
业研发中心促进科技创新成果产业化协同，并推动高校等研发
机构与企业主动对接，将基础创新转化为实用技术应用到生产
过程中；推动科研机构、企业和专业化科创平台的协同发展，共
同推动战略性新兴产业的科技创新。"产学研"协同机制，通过
高校发挥创新基础研究的优势，科研院所和专业的科创平台，
围绕"卡脖子"的项目，共同展示科技能力；企业承担了应用
和技术研发的任务，加强与科研机构的合作，将基础创新转化
为实用技术，并投入生产实践，促进科技成果产业化。

三是优化创新环境，G60 科创走廊积极提供公共服务，实现生态环境与城市功能协调发展。同时，加强政府的引导，强化对企业创新的保护，为科创走廊的企业创造一个有利的外部创新环境。科创走廊依托金融产业、实体经济和资本市场的深度融合，以资本服务于实体经济的发展，增强了科技创新和产业发展的活力，缓解了中小企业融资难、解决信息不对称等问题，降低企业的资金成本。科创与高质上市公司持续地对接，推进金融产品创新。

4.2.2.3　杭州城西科创大走廊

杭州城西科创大走廊自 2016 年 8 月启动，由紫金港科技城、未来科技城、青山湖科技城组成的"一廊三城"空间结构快速发展，是浙江省 15 个省级产业集聚区之一。近年来，随着入驻杭州城西科创大走廊的高新技术企业数的增长及各个科技城的加快建设，杭州城西科创大走廊实现产业增加值、高新技术产业增加值、服务业增加值、工业增加值的超高速增长，杭州城西科创大走廊迅速发展。2020 年，云城建设指挥部挂牌成立，杭州城西科创大走廊形成"一廊四城"空间格局。

作为浙江省"面向未来、决胜未来"的科技创新重大战略平台，杭州城西科创大走廊采用的发展模式为：高校提供创新动力源，政府搭建创新平台吸引创新团队和企业。其发展成功的经验主要有以下三点：

一是具备雄厚的科研实力。杭州城西科创大走廊区域分布有10 余所高校、50 多个重点院所和 30 多个重点研发平台，杭州城西科创产业集聚区累计培育和引进两院院士、国家级和省级"千国计划"专家近 300 名，雄厚的科研力量为杭州城西科创大走廊的发展提供了优质的科教资源和人才资源。

二是生产力发展水平较高，城西科创产业集聚区经济总量连续四年位居浙江省各产业集聚区之首，企业利税总额、产业增加值等在浙江省排名第一，发展潜力较大。

三是具有浓厚的创新创业氛围和良好生态软环境，杭州城西科创大走廊内创新氛围浓厚，阿里巴巴在大走廊内倾力打造支付宝等多个项目，10 多个孕育高新技术企业的试验园区在此云集，成为创新创业的理想之地，区域内基本建立的公共技术服务平台也为杭州城西科创大走廊提供了良好的创新创业环境。

四是完善的政府服务。政府秉持服务理念，紧跟大走廊的企业的重点项目和产业。针对成长型科技企业，提供参与制定产业政策、领导一对一联系、限时解决问题等服务。

4.2.2.4　经验总结

与美国 128、101 等科创走廊不同，国内的科创走廊建设时间较短，除了要对标世界科创中心发展指标与发展趋势，还需要补齐基础研究、产业升级等"短板"，具体表现为：

（1）健全科创走廊的综合交通体系，增强重要交通节点枢纽功能。加强区域基础设施互联互通，放大同城效应，形成功能互补的空间布局，推动科技创新、创新产业和城市功能融合发展。

（2）发挥政府的积极作用，协同推进创新改革试验。建立支持政府采购创新产品和服务的政策体系，深化政府部门和科研单位项目资金管理制度改革，开展科研资金跨区域使用试点，建立知识产权协同保护机制；加强公共服务合作与公共政策对接，加大医院、学校、养老等公共产品的投入和供给，在科创走廊创造更具吸引力的人才引进环境；不断完善创新创业平台，如创新基地、研发基地、双创示范基地、众创空间、孵化器、创业园、大学科技园、产教融合实训基地、人才资源服务园等，提升科创走廊的创新创业活力。

（3）强调多地发挥协同和创新的功能。与传统的高新区、科技园、科学城等区域相比，科创走廊涵盖多个地市，因此要重视协同管理机制的建设与完善，做好统一规划和管理，如发展定位的协调，推动统一招商、利益共享、社会服务等政策，促进多地协同发展。加快资源共享服务平台的建设，鼓励科研院所、高校通过收费或补助等模式对外开放大型仪器设备。

（4）补齐基础研究短板，提升原始创新能力。加大基础科研投入与创新平台的布局。加快布局建设一批国家实验室、国家技术创新中心、国家制造业创新中心等国家级重大创新平台，开展面向国家战略需求的前沿基础科研。以"高精尖缺"为导向，引进尖端科技创新人才。构建完善的成果转移转化机制，着力构建产学研合作平台，共建科技成果转移转化示范基地，建立统一的技术交易市场，促进知识产权和科技成果的市场化。

（5）强化区域产业链联动发展，共同打造世界级产业集群。发挥科创走廊沿线区域城市化水平高、经济充满活力、制造业集聚等优势，强化科创走廊在产业链、创新链、供应链、价值链的深度融合，推动先进制造业和战略性新兴产业集群发展，着力打造世界级产业集群，成为推动区域乃至整个国家产业链向高端攀升的动力源。

（6）培育和壮大现代服务业，构建良好的创新创业生态。加快构建现代服务业体系和开放型经济体系，共同打造科创走廊的良好创新创业生态。

（7）优化创新人才的生活工作环境。通过基础设施建设，注重沿线学校、医院等基础配套设施的规划建设，解决好人才子女入学和就医问题；打破行政区划壁垒，解决人才购房、缴纳社保等问题。

4.3　国内外区域科创中心发展经验借鉴

通过上文对国内外知名的科创走廊发展经验的分析，不难发现中国科创走廊的建设发展速度惊人。在发展过程中，国外优秀经验到结合地区经验进行制度探索和创新，走出一条极具中国区域发展特色的科创走廊建设道路。下面总结国内外知名科创走廊的建设历程和经验。

4.3.1　国内外科学城发展经验借鉴

（1）政府科学规划，提供必要支持。科学城的发展需要政府进行科学的规划。国内外科学城的发展大多都是政府进行科学规划的结果，如日本筑波科学城、韩国大德科学城均是由政府规划建设，并由政府直接管理。在科学城的不同发展阶段，政府履行的职能不同。科学城建设初期，政府进行直接管理与监督。伴随科学城的深化发展，政府应转变职能，为科学城内部企业发展提供必要的支持服务。西部（重庆）科学城的发展，需要重庆政府提供相应的支持服务，一方面要保证科学城内部企业在融资、土地等方面的需求。另一方面要推动科学城内部企业、研发机构、高等院校的有机结合，加快产学研一体化进程，从而提高科研效率与科研水平。

（2）企业为主体，产学研一体化发展。纵观国内外科学城的发展历程，大多具有成熟的科研成果转化系统、完备的技术市场化体系。科学城内各专业的研发机构、高等院校，高校与研究机构之间横向交流密切，能够充分实现信息资源共享，提高内部研发速度。同时具备多样化的科研服务机构，能够高效率实现技术市场化，使科研成果能够快速转化为经济效益。西部（重庆）科学城的发展可以以高技术产业为中心，推进产学研一体化发展，加快实现科技成果市场化，实现由产业引领创新。

（3）加强人才储备，聚集科技资源。国内外科学城的发展大多得益于科学城内部的高水平研究机构、高等院校、高尖端人才带来的高度集聚的智力资源。因此，西部（重庆）科学城一方面可以依托科学城内部高校资源，培育新型人才，为科技创新注入新鲜血液。另一方面可以通过完善科学城内部基础设施建设，充分利用优惠政策，提高科学城对外部人才的吸引力。

（4）提高市场开放度，发挥国际市场优势。科学的竞争是全球范围内的竞争。科学城的发展应接轨国际市场，以国际前沿技术为指引，紧跟国际潮流，提高国际竞争力。如日本筑波科学城的发展，很大程度上得益于引进国外高水平研究机构与科研人员。西部（重庆）科学城的发展可以通过举办系列国际科研会议，提高重庆的国际影响力，从而加强对国外科研机构的吸引力。同时应提高科学城市场的开放程度，走开放式创新的道路，一方面引进国外先进技术与高水平人才。另一方面，鼓励自身科研产品"走出去"，推动科学城科研产品出口，提高科学城市场开放度。

4.3.2　国内外科创走廊发展经验借鉴

总的来看，国外科创走廊的发展历程、现状和趋势为国内科创走廊的建设与发展提供了"借鉴模板"和经验启示，科创走廊的发展是硬件与软件建设共同成果，体现了系统化、一体化思想。从世界范围来看，世界知名科创中心所在地区（或者城市）一般具有较强综合经济实力、有较高研发能力的世界著名大学与科研机构、便利快速的交通枢纽、多层次科技金融机构及完善的科技服务能力等共同特点，国内外科创走廊发展一些共性做法包括：

（1）畅通一体化综合交通网络，实现创新要素的有效流动。实施"功能一体化"建设，做好硬件建设，形成高效交通网络，推动人才、资金、技术等创新要素流动、资源整合和合作共享。

（2）形成专业化分工网络，构建完善的协同创新核心体系。以一流大学为代表的知识链、以一流研究机构与大型企业为代表的专业技术链、以一流科技型产业集群为代表的产业链紧密结合，区域内部形成了专业化分工网络，建立了技术企业间多元化的合作机制，建设了基于技术创新链的区域协同创新体系。

（3）发挥政府与市场联动作用，建立健全区域创新辅助体系。发展科技成果转移转化、人力资源、金融对接、管理咨询与法律等服务机构，建立完整的专业科技服务体系。发挥市场主导与政府引导作用，建立完善的风险投资体系，支持创新创业。

（4）完善开放协调的体制机制，构建完善的保障体系。实施"体制一体化"消除体制机制障碍，打破传统行政区划壁垒，以市场化为主导，以体制创新为突破口，促进政府与市场的协同。寻找"有效市场"与"有为政府"的均衡，保障人才流动、资源共享、合作关系等。加强公共服务合作与公共政策对接，加大医院、学校、养老等公共产品的投入和供给，在科创走廊创造更具吸引力的人才引进环境。

上述研究表明，区域创新中的"核心体系 + 辅助体系 + 保障体系"是全面构建区域创新生态系统的重要环节。作为"后发"科创走廊，一方面，需要注意层次递进关系、系统构建整个创新体系；另一方面，在系统构建区域创新生态系统体系的基础上，需要逐渐强化各个体系的比较优势，形成竞争力。

上述研究还表明，成渝绵科创走廊在政府投入方面尚未形成比较优势，未能有效拉动创新资源的聚集与成果的产出。在上述三地中，高校、龙头企业等方面创新驱动、产业驱动尚未形成有效的分工和优势，知识链、技术链和产业链尚未形成有效的协同创新体系；因此，有必要对系统内部的科技投入、技术转移、技术应用、创新环境等关系进一步分析，为推进其深度耦合发展提供理论借鉴。

第 5 章

基于创新生态系统的科学城发展研究

基于前文对区域科创中心的生态特征及发展模式分析，考虑到创新资源、创新环境等核心要素对区域科创中心发展的支撑作用，本章将从创新生态系统视角揭示区域创新演化机理。

5.1 理论模型与指标体系构建

5.1.1 理论模型

科学城建设起源于 20 世纪 40 年代，是严格意义上的科学研究综合体，其功能定位是产出超高水平的科研成果，其发展需要更为科学、系统、全面地反映出新时代高质量发展的新要求。目前，科学城建设目标是产学研一体、复合多元的科学城市。

创新生态系统是创新主体、创新资源和相关支持体系之间形成的相互依赖和共生演进的创新生态体系，强调要素间的网络协作，重视主体间的互惠共赢，它被逐渐应用到科学城发展理论模型中，尤其是创新方面，关于创新生态系统的主体要素及主体间的相互关系的相关研究得到了学者的持续关注。目前，西部（重庆）科学城核心区主要以高新区、科技城等形式表现，尚处于建设初期，相关的指标、数据等有待进一步完善。针对重庆市区域创新生态系统的发展机理研究为西部（重庆）科学城发展提供一定参考。

鉴于此，为探究西部（重庆）科学城创新生态系统生态位适宜度演化趋势、区域差异及内在机理，本书在 1.2 的分析基础上，结合王发明等（2018 年）、雷雨嫣等（2019 年）、李晓娣等（2019 年）、解学梅等（2019 年；2021 年）等研究成果，从全国 30 个省市（港澳台和西藏除外）区域创新生态系统视角出发，比对分析区域创新生态系统生态位适宜度及进化动量，预测其生态位适宜度及生态要素权重演化趋势，进而探究科学城发展的核心前因条件及组态路径，其概念模型如图 5.1 所示。

如图 5.1 所示，本书从创新网络、创新环境、创新资源、创新群落和创新平台五个方面构建了西部（重庆）科学城生态位适宜度概念模型，模型中各要素间相互协同、共同作用推动了科学城发展。

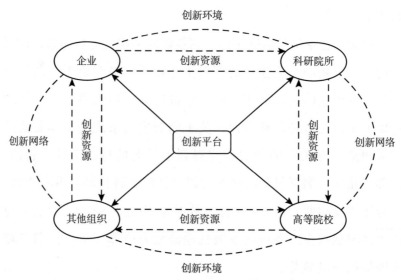

图 5.1 科学城生态位适宜度的概念模型

5.1.2 指标选择及体系构建

基于生态位、区域创新生态系统等理论分析可知，对于科学城创新生态系统发展状态的捕捉，离不开对创新群落、创新资源、创新平台、创新网络、创新环境五大生态特征的观测，本书将科学城映射到区域创新生态系统，其发展指标体系的构建亦应建立在五大生态特征的基础上。以下是基于前文在创新生态系统及生态位适宜度的探讨对西部（重庆）科学城探讨的指标体系构建（见表5.1、表5.2）。

表 5.1　　西部（重庆）科学城发展评价指标体系

评价目标	维度	生态要素	衡量指标	实测指标
基于创新生态系统的科学城生态位适宜度	物种维度	创新群落	创新企业	拥有的高新技术企业数量、中国互联网百强企业数量以及独角兽企业数量
			高校数量	拥有的普通高等学校数量
			科研机构	拥有的国家重点实验室数量
	非物种维度	创新资源	创新人才	R&D 人才全时当量
			创新资本	R&D 经费投入量
			创新技术	专利申请量
		创新平台	众创空间	拥有的国家备案众创空间数量
			科技企业孵化器数量	国家级科技孵化器总量
			金融机构	金融服务机构数量
			服务平台	国家级生产力促进中心总数量
		创新网络	产学研合作	高校、科研院所来自企业的经费
			企业间合作	技术市场交易额
			企业—政府合作	企业来自政府的经费
			企业—用户合作	互联网宽带接入端口数
		创新环境	创新战略	享受政府创新政策企业数
			创新基础	新基建竞争力指数
			可持续发展	城市可持续发展指数

表 5.2　　　　西部（重庆）科学城发展前因条件指标体系

一级因素	二级因素	指标含义
创新群落	创新企业	拥有的高新技术企业数量、中国互联网百强企业数量以及独角兽企业数量
	高校数量	拥有的普通高等学校数量
	科研机构	拥有的国家重点实验室数量
创新资源	创新人才	R&D 人才全时当量
	创新资本	创投资本投入量
	创新技术	专利申请量
创新平台	众创空间	拥有的国家备案众创空间数量
	科技企业孵化器数量	国家级科技孵化器总量
	金融机构	金融服务机构数量
	服务平台	国家级生产力促进中心总数量
创新网络	产学研合作	高校、科研院所经费来自企业的数量
	企业间合作	技术市场交易额
	企业—政府合作	企业来自政府的经费
	企业—用户合作	互联网宽带接入端口数
创新环境	创新战略	享受政府创新政策企业数
	创新基础	新基建竞争力指数
	可持续发展	城市可持续发展指数
科学城发展	人才储备	R&D 人才资本贡献率
	现代服务产业产出	知识密集型服务业增加值占主营业务收入比重
	高技术产业产出	高技术产业主营业务收入占规模以上工业企业主营业务收入比重
	资本产出	单位固定资产投资新增主营业务收入
	对外开放能力	外商直接投资占全社会固定资产投资比重

5.2　研究方法和数据库构建

5.2.1　研究方法选择

1. 生态位适宜度评价分析

本书基于 Li 等（2013）和刘洪久等（2019）研究，构建了区域创新生态系统生态位适宜度评价模型，为了消除各类生态位指标值差异造成的数据偏差，最终造成评价结果不明显、不准确，首先对数据进行无量纲化处理，采用熵值法进行数据初始化处理。具体算式为：

$$L'_{mn} = (L_{mn} - L_{n\min}) / (L_{n\max} - L_{n\min}) \tag{5.1}$$

其中，L'_{mn} 表示区域创新生态系统内各生态势因子的现实生态位，$L_{\max}$、$L_{\min}$ 分别表示 L_{mn} 中第 n 个生态势因子序列的最大值和最小值。

经过无量纲化处理后，通过主成分分析计算出每个指标在各个主成分线性组合的系数以及主成分的方差贡献率，按照 $\omega_i = S_{ni} / \sum^n S_n$ 确定权重，其中 $S_{ni} = \sum^n S_n V_{ni}$，$S_n$ 表示指标 L_{mn} 在主成分中的综合重要度。

西部（重庆）科学城生态位适宜度反映出科学城发展中主体的现实生态位与最适生态位的贴合度。设定评价过程中，有

共有 m 个地区，每个地区的战略性新兴产业集群有 n 个生态位适宜度影响因素。其中，用 $L_{ij}(i=1, 2, 3, \cdots, m; j=1, 2, 3, \cdots, n.)$ 表示第 i 个地区、第 j 个生态势因子上的实际数据。在战略性新兴产业集群生态位适宜度评价中，本书根据评价指标体系构建该地区生态位适宜度评价模型，如式（5.2）：

$$\text{Fine}_i = \sum_{j=1}^{n} \omega_j \frac{\min\{|L_{ij}' - L_{aj}|\} + \alpha\max\{|L_{ij}' - L_{aj}|\}}{|L_{ij}' - L_{aj}| + \alpha\max\{|L_{ij}' - L_{aj}|\}} \quad (5.2)$$

式（5.2）中，Fine_i 表示第 i 个地区生态位适宜度值，ω_j 表示该系统内各个生态势因子权重，L_{ij}' 表示该地区生态势因子现实生态位，L_{aj} 表示该地区各生态势因子最适生态位，$\alpha(0 \leq \alpha \leq 1)$ 为模型参数。通过计算后的每个生态势因子权重值 ω_j 代入式（5.2）中，则可以计算出科学城的资源生态位、平台生态位、网络生态位以及环境生态位，以下对其计算过程进行说明。

①计算最佳生态位因素

$$L_{aj} = \max L_{ij}', \quad j=1, 2, 3, \cdots, n \quad (5.3)$$

式（5.3）中，$L_{aj}(j=1, 2, \cdots n)$ 表示第 j 个生态势因子最佳生态位，L_{ij}' 表示第 i 个科学城发展生态势因子 j 的现实生态位。

②确定态位适宜度模型中参数 α 值

α（$0 \leq \alpha \leq 1$）为模型参数，该参数的确定根据 $\text{Fine}_i = 0.5$ 计算确定，计算过程如下

$$\delta_{ij} = |L_{ij}' - L_{aj}|, \quad i=1, 2, \cdots, m; j=1, 2, \cdots, n$$

$$\delta_{\max} = \max\{\delta_{ij}\}; \quad \delta_{\min} = \min\{\delta_{ij}\}$$

当 $\delta_{ij} = \overline{\delta_{ij}}$，$\text{Fine}_i = 0.5$，$\overline{\delta_{ij}} = \frac{1}{mn}\sum_{i=1}^{m}\sum_{j=1}^{n}\delta_{ij}$

$$\alpha = \frac{\overline{\delta_{ij}} - 2\delta_{min}}{\delta_{max}} \qquad (5.4)$$

③计算进化动量 *EVO*

$$EVO_i = \sqrt{\frac{\sum\limits_{i=1}^{n} \left| L'_{ij} - L_{aj} \right|}{n}}, \ i = 1, \ 2, \ \cdots, \ m; \ j = 1, \ 2, \ \cdots, \ n$$

$$(5.5)$$

在上述评价模型中，进化动量 EVO_i 表示：在科学城发展中，生态系统内某项指标的现实生态位与理想状态（最适生态位）的趋向强度。进化动量越大，现实生态位和最适生态位之间的差距越大；反之，差距越小。

因此，生态位适宜度在一定程度上反映出创新生态系统发展的优劣情况：系统内的某个要素生态位适宜度越高，表明该要素利于创新生态系统发展；反之，某个要素生态位适宜度越低，则表明该要素不适于创新生态系统的发展。

2. 生态位适宜度预测——基于改进的 GM（1，1）模型

本书针对科学城发展的相关生态位适宜度的时间序列进行预测，需要选用具有相同特征的时间序列预测模型。灰色预测是通过累加生成降低时间序列的波动性，使得序列表现出规律性以提高预测精度的方法，与本书问题的基本特征相符。但是经典的 GM（1，1）模型（刘思峰等，2014）仅能处理单因素时间序列，因此本书基于 GM（1，1）模型（刘思峰等，2014），构建西部（重庆）科学城核心区（高新区）发展预测的改进模型。设生态位适宜度序列为：

$$X = (x(1), \ x(2), \ \cdots, \ x(n))$$

影响因素相关指标序列为:

$$G = (g(1), \ g(2), \ \cdots, \ g(n))$$

由于上述序列均属于正向指标,因此 X, G 均为非负序列。

为排除创新要素对于生态位适宜度变化的影响,以 p 为可变参数,构建原始序列为:

$$X^{(0)} = X + pG \tag{5.6}$$

其中, $X^{(0)}$ 表示生态位适宜度的趋势性变动, X 表示生态位适宜度的实际变动, pG 表示相关因素对生态位适宜度的影响。参数 p 可进行动态调整,用于控制相关因素影响强度的大小。

然后,针对原始序列 $X^{(0)}$ 建立 GM(1,1)模型。设 $X^{(1)}$ 为 $X^{(0)}$ 的一阶累加序列:

$$X^{(1)} = (x^{(1)}(1), \ x^{(1)}(2), \ \cdots, \ x^{(1)}(n)) \tag{5.7}$$

其中 $x^{(1)}(k) = \sum_{i=1}^{k} x^{(0)}(i)$, $k = 1, \ 2, \ \cdots, \ n$,设 $Z^{(1)}$ 为 $X^{(1)}$ 的紧邻均值生成序列:

$$Z^{(1)} = (z^{(1)}(2), \ z^{(1)}(3), \ \cdots, \ z^{(1)}(n))$$

其中 $z^{(1)}(k) = \frac{1}{2}(x^{(1)}(k) + x^{(1)}(k-1))$, $k = 2, \ 3, \ \cdots, \ n$

基于以上序列,构建 GM(1,1)模型的参数估计基本形式为:

$$x^{(0)}(k) + az^{(1)}(k) = b, \ k = 2, \ 3, \ \cdots, \ n \tag{5.8}$$

白化微分方程为:

$$\frac{dx^{(1)}(t)}{dt} + ax^{(1)}(t) = b \tag{5.9}$$

参数 a, b 分别为发展系数和灰色作用量。

根据参数估计基本形式可得参数向量的最小二乘估计为：

$$\hat{a} = (a, \ b)^T = (B^T B)^{-1} B^T Y \tag{5.10}$$

其中 $B = \begin{pmatrix} -z^{(1)}(2) & 1 \\ -z^{(1)}(3) & 1 \\ \vdots & \vdots \\ -z^{(1)}(n) & 1 \end{pmatrix}$；$Y = \begin{pmatrix} x^{(0)}(2) \\ x^{(0)}(3) \\ \vdots \\ x^{(0)}(n) \end{pmatrix}$

通过白化微分方程的求解，以首项 $\hat{x}^{(0)}(1)$ 为初值可得时间相应序列为：

$$\hat{x}^{(1)}(k) = \left(x^{(0)}(1) - \frac{b}{a} \right) e^{-a(k-1)} + \frac{b}{a}, \ k = 2, \ 3, \ \cdots, \ n$$

$$\tag{5.11}$$

一阶累减后得到还原序列为：

$$\hat{x}^{(0)}(k) = \hat{x}^{(1)}(k) - \hat{x}^{(1)}(k-1)$$

$$= \left(x^{(0)}(1) - \frac{b}{a} \right)(1 - e^a) e^{-a(k-1)}, \ k = 2, \ 3, \ \cdots, \ n$$

$$\tag{5.12}$$

最后，在趋势性不变动的基础上排除相关因素的影响，得到生态位适宜度的拟合序列为：

$$\hat{x}(k) = \hat{x}^{(0)}(k) - pg(k), \ k = 2, \ 3, \ \cdots n \tag{5.13}$$

为了保证拟合的贴近性，以平均相对误差最小为条件构建参数 p 的目标函数，

$$\min f(p) = \sum_{k=2}^{n} \left| \frac{\hat{x}(k) - x(k)}{x(k)} \right| \times 100\%$$

$$= \sum_{k=2}^{n} \left| \frac{\hat{x}^{(0)}(k) - pg(k) - x(k)}{x(k)} \right| \times 100\%$$

$$\tag{5.14}$$

在参数具有实践意义的条件下有约束 $p > 0$，因此组成了具有约束条件的非线性规划。该非线性规划仅有一个自变量，可以用 MATLAB 中的 fminbnd 函数求解，该函数利用目标函数和约束条件的一阶导数信息沿下降方向迭代，最终收敛得到最优解，在一元非线性规划模型中具有较好的效果。设该非线性规划最优解为 p^*，则生态位适宜度的最终预测结果可以表示为：

$$\hat{x}^*(k) = \hat{x}^{(0)}(k) - p^* g(k), \quad k = 2, 3, \cdots, n \quad (5.15)$$

当 $k > n$ 时，公式（5.11）可以用于预测生态位适宜度的发展趋势。但由于此时 $g(k)$ 值未知，且 $p^* g(k)$ 表示相关因素对生态位适宜度的影响，因此预测之前需要首先对 $g(k)$ 的值进行估计，本书采取估计的方法与估计 $\hat{x}^*(k)$ 的方法相同，均以时间序列规律建模。建模流程如图 5.2 所示。

3. 组态研究

西部（重庆）科学城发展影响因素组态研究采用模糊集定性分析法（fsQCA）。由于本书将科学城映射为区域创新生态系统，而系统的运作与发展是一个复杂的非线性过程，同时科学城发展的前因机理并非单个因素独立作用或两两耦合就可以解释，且因果条件多为连续变量，而 fsQCA 能够有效处理三个以上变量的交互效应。

在具体的分析技术上，研究选择 fsQCA 主要基于如下三个原因：①传统的回归分析方法主要适用于探索单个因素的"净效应"，fsQCA 则可以发现多种因素之间的组态关系和殊途同归（Rihoux and Ragin，2009）；②虽然其他的方法也可以检验组态关系，如聚类分析、因子分析，但是这些方法最大的局限性在于

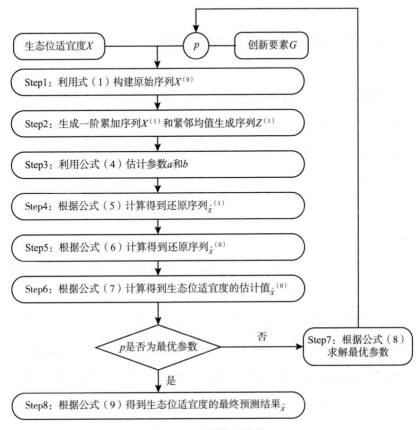

图 5.2　建模流程图

无法有效识别条件之间的相互依赖性、组态等效性和因果非对称性；③fsQCA 相较于其他类型的 QCA 分析技术（如 csQCA 和 mvQCA）更具优势（Schneider and Wagemann, 2012）。除此之外，科学城发展的前因组合可能多于一种，fsQCA 有助于对多个前因条件组合进行深入挖掘。因此，使用 fsQCA 能够更充分地捕捉到前因条件在不同水平或程度上的变化为科学城发展带来的细微影响（Rihoux and Ragin, 2009）。

5.2.2 数据的选择与数据库构建

西部（重庆）科学城建设以来，提出了"举全市之力、集全市之智建设西部（重庆）科学城"。在科学城的建设过程中，聚集了重庆市重要的创新资源。与原有重庆高新区建设不同，科学城的建设面积与相关定位均发生较大变化，更加注重"科""产""城"的融合发展，原有高新区的数据已经不能代表科学城的发展，新的统计数据尚未形成。基于此，本文借鉴城市数据为西部（重庆）科学城的发展提供研究样本，以此分析区域创新生态系统的现状及发展态势。

本书数据来源于实地调查研究和现有统计数据两部分。其中统计数据类型主要涉及中国 30 个省市（港澳台和西藏除外）相关数据，数据来自《中国高技术产业统计年鉴》《中国科技统计年鉴》《中国火炬统计年鉴》（2011～2020），且本书利用已知数据采用线性回归拟合插补缺失数据（最小二乘法），最终构建了 2010～2019 年共十年的平衡面板数据库。

5.3 科学城生态位适宜度评价

西部（重庆）科学城核心区主要以高新区、科技城等形式表现，采用高标准、高起点建设原则，着力建平台、兴产业、聚人才、优环境、提品质，打造具有全国影响力的科技创新中心。

因此，为探究西部（重庆）科学城生态位适宜度演化趋势、区域差异及内在机理，本书从中国 30 个省市（港澳台和西藏除外）区域创新生态系统视角出发，对比分析整体创新生态位适宜度及进化动量，并对西部（重庆）科学城各创新生态要素的生态位适宜度及权重做出相关阐释。

5.3.1　整体生态位适宜度及进化动量的对比分析

以下重点分析我国区域创新生态系统生态位适宜度与进化动量总体演化情况。根据研究样本和评价指标数量，构造 30×17 原始数据矩阵（30 个区域创新生态系统、17 个评价指标）。将原始数据矩阵代入模型可得 30 个省市区域创新生态系统 2010 ~ 2019 年的整体创新生态位适宜度（见图 5.3）。

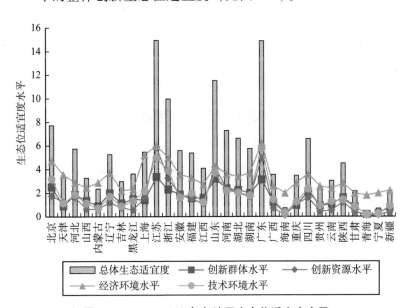

图 5.3　2010 ~ 2019 年各地区生态位适宜度水平

图 5.3 结果表明重庆的创新生态位适宜度在全国排名 18，处于"一般水平"。而在重庆与全国其他区域创新生态位适宜度及进化动量演化趋势中（见图 5.4），重庆进化动量远高于全国平均水平，即西部（重庆）科学城的发展具有较大的进步空间。

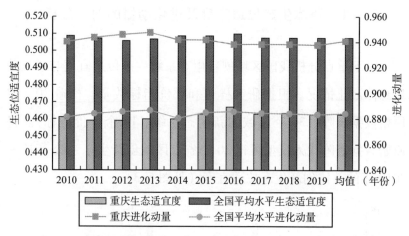

图 5.4　重庆与全国平均水平的生态位适宜度及进化动量演化趋势

5.3.2　科学城创新生态要素的生态位适宜度分析

为分析区域创新生态位适宜度在各生态要素的分布，揭示西部（重庆）科学城创新生态要素的生态位适宜度，基于创新生态位适宜度及其进化动量结果，选择 2010～2019 年整体生态位适宜度均值高于全国平均水平的 6 个省市（江苏、广东、北京、上海、浙江、山东）进行对比分析。首先计算各生态要素的生态位适宜度。其中，创新生态系统个数 $m=7$，创新群落、创新资源生态位、创新平台生态位、创新网络生态位及创新环境生态位的评价指标个数 n 依次为 3、3、4、4、3，分别构成 7×3、7×3、7×4、7×4、7×3 的数据矩阵；将各生态要素的数据矩阵依次代入模型求得各科学城核心区（高新区）创新生态系统各生态要素的生态位适宜度，如表 5.3 所示。

表 5.3　七大省市区域创新生态系统各生态要素的生态位适宜度

生态要素	江苏	广东	北京	上海	浙江	山东	重庆
整体生态位	0.760	0.730	0.695	0.654	0.606	0.590	0.462
创新群落	0.738	0.827	0.768	0.751	0.723	0.596	0.457
创新资源生态位	0.773	0.731	0.811	0.791	0.626	0.693	0.467
创新环境生态位	0.895	0.485	0.568	0.623	0.506	0.431	0.439
创新平台生态位	0.689	0.799	0.612	0.601	0.489	0.521	0.468
创新网络生态位	0.705	0.808	0.606	0.716	0.478	0.509	0.463

　　通过绘制 7 个省市各生态要素的均值创新生态位适宜度雷达图（见图 5.5），对其各生态要素的生态位适宜度进行对比。图 5.5 结果表明，江苏的区域创新生态系统生态位主要依靠创新环境，这与苏州工业园区城市空间发展理念有密切联系。北京和上海的区域创新生态系统整体生态位主要依赖于其创新群落和创新资源生态位，而广东和浙江区域创新生态系统整体生态位主要依赖于创新群落、创新平台及创新网络生态位，反映出广东、浙江两地的创新主体的活跃程度高且已具备较为完善的网络连接。除此之外，山东区域创新生态系统的弱势主要体现在创新环境方面，这主要由于山东以化工园区为主导，而随着

新一代信息技术的发展，其传统工业模式面临着生态环境破坏和产业亟需转型的双重困境。相对于其他六大省市区域创新生态系统，重庆的区域创新生态系统在创新群落、创新资源、创新平台、创新网络及创新环境等方面的生态位适宜度还存在较大差距。

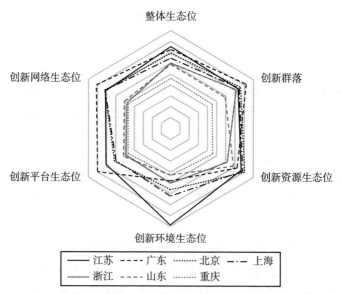

图5.5　七大省市各生态要素的均值创新生态位适宜度雷达图

通过剖析各生态要素创新生态位适宜度变化趋势（如表5.4所示），以进一步分析导致重庆区域创新生态系统生态位适宜度较低的深层次原因。

表 5.4　　　　**2010 ~ 2019 年重庆区域创新生态系统整体**
及各生态要素生态位适宜度

年份 要素	2010	2011	2012	2013	2014	2015	2016	2017	2018	2019	均值
创新群落	0.461	0.459	0.459	0.46	0.46	0.463	0.467	0.463	0.464	0.463	0.462
创新资源 生态位	0.444	0.451	0.445	0.441	0.442	0.444	0.444	0.444	0.449	0.449	0.457
创新平台 生态位	0.480	0.479	0.478	0.476	0.475	0.479	0.487	0.477	0.475	0.472	0.467
创新网络 生态位	0.421	0.421	0.419	0.419	0.420	0.413	0.421	0.424	0.425	0.428	0.439
创新环境 生态位	0.458	0.454	0.451	0.450	0.454	0.457	0.458	0.457	0.451	0.459	0.468

　　通过绘制 2010 ~ 2019 年区域创新生态系统的整体及各生态要素创新生态位适宜度的演化趋势图（见图 5.6），对比分析其生态位适宜度。图 5.6 结果表明，与整体创新生态位适宜度相比，创新资源生态位适宜度较高，创新平台和创新网络生态位适宜度一般，但创新群落和创新环境生态位的适宜度较低。从发展趋势来看，创新群落、创新平台、创新网络及创新环境生态位呈现增长趋势，创新资源生态位呈现下降趋势，但该发展趋势并未改变各生态要素相对整体创新生态位适宜度的地位。由此，整体生态位适宜度较低是由环境生态位适宜度较低，且创新平台和创新网络一般导致的。

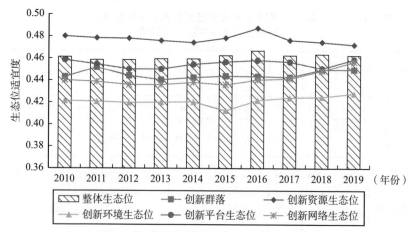

图 5.6　2010～2019 年重庆区域创新生态系统整体及各生态要素
生态位适宜度的演化趋势

5.3.3　科学城创新生态要素的权重分析

根据熵权法计算各实测指标的权重，将各生态要素所含实测
指标的权重相加，得到各生态要素的权重（如表 5.5 所示），进
一步分析各生态要素的重要程度及其演化趋势。

表 5.5　2010～2019 年重庆区域创新生态系统各生态要素权重

年份 要素	2010	2011	2012	2013	2014	2015	2016	2017	2018	2019	均值
创新群落	0.119	0.112	0.124	0.128	0.120	0.126	0.121	0.122	0.121	0.126	0.122
创新资源 生态位	0.285	0.297	0.310	0.322	0.355	0.378	0.390	0.401	0.412	0.408	0.356
创新平台 生态位	0.168	0.169	0.175	0.176	0.162	0.174	0.188	0.188	0.205	0.205	0.181
创新网络 生态位	0.176	0.179	0.182	0.193	0.194	0.190	0.199	0.207	0.213	0.222	0.196
创新环境 生态位	0.410	0.383	0.382	0.362	0.342	0.348	0.360	0.361	0.356	0.356	0.366

　　图 5.7 表示 2010～2019 年各生态要素权重的演化趋势。结果显示，从 2010～2013 年各生态要素按权重大小排名来看，重庆区域创新生态系统的创新环境生态位是最重要的生态要素；而 2014～2019 年各生态要素按权重从大到小的排名发生了变化，依次是创新资源生态位、创新环境生态位、创新网络生态位、创新平台生态位及创新群落，从发展趋势来看，2010～2019 年创新环境生态位权重呈现下降趋势，创新资源、创新网络及创新平台生态位权重呈现增长趋势。

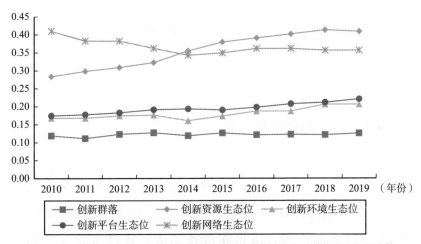

图 5.7　2010～2019 年重庆区域创新生态系统各生态要素权重演化趋势

　　综上所述，第一，近年来，重庆区域创新生态系统中创新资源生态位权重逐步提升，表明重庆对科技研发相关的人力、财力、技术等方面投入的重视程度不断提高；第二，结合重庆区域创新生态系统创新环境生态位适宜度较低的结论，提高科学城生态位适宜度还需要政府提高对创新环境生态位方面的重视程度,通过设计相关创新体制机制不断改善创新生态环境;第三,结合西部(重庆)科学城调查研究结果分析,2014~2019年以来,虽然重庆区域创新生态系统的创新平台和创新网络生态位权重逐步提高,但仍然处于一般水平。由此,完善创新平台建设,如提升平台服务的数量、质量和功能等,优化创新网络,如通过加强政产学研合作和优化市场结构加快技术市场的交易数量等,以此打造具备一定优势的创新生态圈对西部(重庆)科学城的发展显得尤为必要。

5.4 科学城生态位适宜度预测

5.4.1 预测与精度检验

根据 GM(1,1)系统预测模型规则,需要对原始数列进行精度检验,具体步骤如下:将原始数据序列输入改进的GM(1,1)预测模型,求得相应预测值;通过与原始数列对比进行精度检验,判断检验预测的准确程度,重庆区域创新生态系统创新要素生态位适宜度和权重预测与精度检验结果如表5.6、表5.7所示。结果表明,改进的 GM(1,1)模型的 MAPE 值均低于 5%,预测精度较优,由此采用该模型进行预测有效。

表 5.6　2011~2025 年区域创新生态系统生态位适宜度预测与精度检验

项目	创新群落		创新资源生态位		创新平台生态位		创新网络生态位		创新环境生态位	
	预测数据	APE（%）	预测数据	APE（%）	预测数据	APE（%）	预测数据	APE（%）	预测数据	APE（%）
2011 年	0.434	0.472	0.441	0.093	0.482	2.237	0.423	0.089	0.452	0.049
2012 年	0.461	0.091	0.45	0.056	0.484	1.175	0.421	0.155	0.467	2.038
2013 年	0.473	1.185	0.439	1.030	0.480	1.083	0.423	1.248	0.458	1.021
2014 年	0.468	2.123	0.448	1.017	0.472	2.004	0.421	0.292	0.464	2.005
2015 年	0.484	1.066	0.452	1.562	0.481	2.092	0.409	0.611	0.454	0.022
2016 年	0.487	0.364	0.448	0.068	0.492	3.192	0.419	0.864	0.456	1.042
2017 年	0.491	0.773	0.441	1.102	0.463	3.234	0.433	1.213	0.453	1.054
2018 年	0.501	1.209	0.453	0.104	0.479	1.261	0.428	0.121	0.474	2.059
2019 年	0.489	1.562	0.447	0.896	0.474	0.943	0.446	1.347	0.491	2.542
MAPE（%）		0.983		0.659		1.913		0.660		1.315
2021 年	0.495		0.451		0.494		0.451		0.485	
2022 年	0.511		0.452		0.506		0.476		0.503	
2023 年	0.497		0.454		0.519		0.464		0.515	
2024 年	0.512		0.453		0.528		0.452		0.520	
2025 年	0.526		0.452		0.539		0.468		0.526	

表 5.7 2011~2025 年区域创新生态系统创新生态要素权重预测与精度检验

项目	创新群落		创新资源生态位		创新平台生态位		创新网络生态位		创新环境生态位	
	预测数据	APE（%）	预测数据	APE（%）	预测数据	APE（%）	预测数据	APE（%）	预测数据	APE（%）
2011 年	0.114	1.503	0.372	4.312	0.172	1.021	0.213	5.421	0.362	0.847
2012 年	0.121	0.523	0.423	5.531	0.181	0.230	0.223	2.121	0.391	0.314
2013 年	0.126	1.041	0.322	0.624	0.183	0.242	0.229	3.482	0.378	0.054
2014 年	0.121	0.465	0.419	4.891	0.175	0.341	0.241	2.653	0.356	0.432
2015 年	0.131	1.027	0.378	2.335	0.176	0.783	0.256	4.220	0.346	0.087
2016 年	0.123	1.452	0.451	3.630	0.201	0.893	0.267	0.867	0.374	1.875
2017 年	0.152	2.114	0.423	1.276	0.211	0.985	0.273	1.431	0.385	1.673
2018 年	0.141	1.621	0.421	1.437	0.226	1.123	0.258	0.633	0.372	1.201
2019 年	0.131	1.648	0.418	0.793	0.231	1.598	0.269	0.730	0.369	1.963
MAPE（%）	1.266		2.759		0.802		2.395		0.938	
2021 年	0.138		0.431		0.287		0.284		0.378	
2022 年	0.166		0.452		0.338		0.325		0.396	
2023 年	0.177		0.445		0.326		0.337		0.421	
2024 年	0.165		0.432		0.368		0.371		0.408	
2025 年	0.173		0.448		0.401		0.407		0.419	

5.4.2　生态位适宜度预测

根据表 5.6 绘制图 5.8 以解析 2021～2025 年重庆区域创新生态系统整体及各生态要素的创新生态位适宜度的演化趋势。结果表明，创新环境生态位适宜度在 2022～2024 年呈下降趋势明显；2021～2025 年，创新群落适宜度处于稳定状态，创新资源、创新平台和创新网络生态位适宜度明显上升，整体创新生态位适宜度呈逐渐上升趋势。总体来看，按照现有的发展态势，重庆区域创新生态系统未来五年可持续发展态势良好。

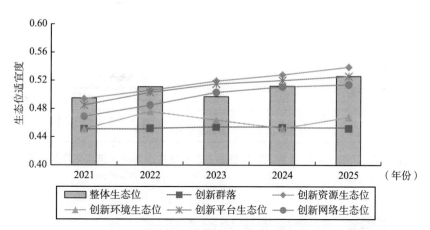

图 5.8　2021～2025 年重庆区域创新生态系统生态位适宜度演化趋势预测

5.4.3　生态要素权重预测

根据表 5.7 绘制图 5.9 以解析 2021～2025 年各生态要素权重演化趋势。结果表明，从发展趋势看，2021～2025 年，创新

群落、创新资源、创新环境生态位的权重有较小波动但无明显
变化，而创新平台和创新网络生态位权重持续上升且分别提升
了44.25%、43.31%，应给予更多关注；从数值来看，2021~
2025 年，生态要素按权重从大到小排列依次为创新资源生态位、
创新环境生态位、创新网络生态位、创新平台生态位和创新群
落，而创新资源是科学城创新生态系统中最重要的生态要素。

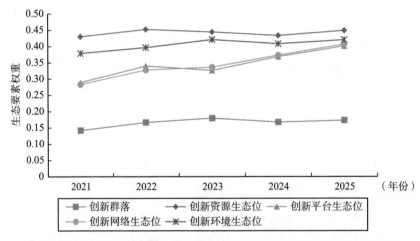

图 5.9 2021~2025 年重庆区域创新生态系统生态要素权重演化趋势预测

5.5 科学城发展的组态研究

  基于重庆区域创新生态系统创新生态要素的生态位适宜度及
进化动量分析，为进一步研究影响科学城发展的前因核心条件
及发展路径，对科学城发展开展组态研究。

5.5.1 变量的选取与校准

基于区域创新生态系统视角，本书选取创新群落、创新资源、创新平台、创新网络及创新环境5个变量为前因条件，科学城高质量发展为结果条件。采用SPSS24.0软件，基于主成分分析法对表5.1、表5.2中的二级指标降维处理，由于KMO值均大于0.6，所提取的主成分有效。在进行fsQCA分析时，首先对研究中涉及的变量进行校准，再对各变量单项前因条件的必要性与充分性进行分析。

5.5.2 组态分析结果

在构建真值表之前，首先要检验各前因条件的充分性和必要性。表5.8结果表明，各前因条件的充分性一致率和必要性覆盖率均低于0.9的认定标准，即单个前因条件对科学城创新生态系统发展均不构成充分必要条件，需要将其组合起来进行分析。

表5.8 区域创新生态系统发展的必要性与充分性分析

前因条件	科学城发展		前因条件	科学城发展	
	一致性	覆盖度		一致性	覆盖度
orga	0.8724	0.8451	~ *orga*	0.8034	0.6427
reso	0.8865	0.8914	~ *reso*	0.7347	0.3216
plat	0.8243	0.783	~ *plat*	0.7634	0.4352

前因条件	科学城发展		前因条件	科学城发展	
	一致性	覆盖度		一致性	覆盖度
netw	0.8012	0.9732	~*netw*	0.6521	0.4124
envi	0.7629	0.3469	~*envi*	0.5762	0.3472

注：字母表示条件为存在状态，~字母表示条件为缺席状态（其中：*orga*—创新群落、*reso*—创新资源、*plat*—创新平台、*netw*—创新网络、*envi*—创新环境）。

表5.9结果表明，5个因素对实现区域创新生态系统发展形成4个等效构型；构型总体一致率为0.9316，覆盖率为0.8632，同时出现在中间解和简洁解中的创新资源和创新平台是科学城创新生态系统发展的核心条件。组态模式1表明，创新群落、创新资源、创新平台和创新网络的有机组合可以推动区域创新生态系统发展。创新资源代表着一个区域的创新基础，是创新生态系统的基本保障。创新资源中创新人才是国家或地区的核心竞争力，区域创新生态系统的发展促使跨区域交流更加紧密，人员流动更加频繁，重视研发人员的培养与引进，为区域添加创新活力，促进高质量发展。创新平台的建设有利于一个区域成为产业特色突出、高端要素集聚、创新创业活跃、管理服务高效、生态环境优越、区域功能完善的现代科技新城。组态模式2在组态模式1的基础上增加了创新环境和创新网络，从政策支撑、创新基础和创新氛围等构成的二级指标生态环境支撑得分来看，生态环境对区域创新生态系统的发展的提升具有保障支撑作用，同时，多主体之间构建良好的生态网络关系利于系统中创新要素流动和创新资源配置。组态模式3和4中共有创新资

源、创新平台和创新环境三个生态创新要素，丰富的创新资源、良好的创新平台和优越的创新环境利于聚集人才、资源、科技等创新要素，发挥优质创新资源的区域辐射力，凸显在人才吸引、资金聚集和创建平台的能力，实现协同创新发展。

表 5.9　　　　　　区域创新生态系统发展的组态模式解

前因条件	解			
	1	2	3	4
创新群落（orga）	●	⊗	⊗	⊗
创新资源（reso）	●		●	●
创新平台（plat）	●	●	●	●
创新网络（netw）		●	⊗	●
创新环境（envi）	⊗	●	●	●
组态模式	orga * reso * plat * ~ envi	~ orga * plat * netw * envi	~ orga * reso * plat * ~ netw * envi	~ orga * reso * plat * netw * envi
一致性（Consistency）	0.9852	0.9723	0.8352	0.7665
原始覆盖度（Raw coverage）	0.0531	0.0486	0.2601	0.1912
唯一覆盖度（Unique coverage）	0.0082	0.0321	0.0762	0.0634
总体解的一致性（Overall solution consistency）	0.9316			
总体解的覆盖度（Overall solution coverage）	0.8632			

注：●=核心条件存在，⊗=核心条件缺席，●=辅助条件存在，⊗=辅助条件缺席，"空格"表示该条件可存在亦可缺席。

综上所述，创新群落、创新资源、创新平台、创新网络和创新环境是促进区域创新生态系统发展前因构型中至关重要的组成条件，且只有组合才能发挥效用。科学城发展可以选择聚集创新资源和创新群落为核心力量，并根据自身情况辅之创新平台、创新网络和创新环境。

5.6 科学城研究结论及发展路径

5.6.1 研究结论

首先，本书通过构建基于生态位理论的适宜度评价模型，对比分析我国 30 个省市区域创新生态系统 2010～2019 年的创新生态位适宜度，主要得出如下研究结论：

（1）重庆地区整体创新生态位适宜度较低，但进化动量较高。由于生态位适宜度越高越利于生态系统开展创新（李晓娣等，2019），且进化动量越高，进步空间越大。该结果表明，重庆地区创新生态系统整体效能不高，正向驱动效应尚未得到充分释放，未能充分调动系统的生态性和有机性，进步空间较大。

（2）创新要素生态位发展不均衡，且不均衡的主要原因是整体生态效能过低。重庆的创新资源在生态位适宜度和权重方面发展相较其他要素较好；创新环境的生态位适宜度相较其他要素一直处于最低水平，但其权重处于较高水平；创新群落的生态位适宜度处于一般水平，但其权重远低于其他要素。创新环境生态位权重大而适宜度过低是导致西部（重庆）科学城整体生态位较低的主要原因。

其次，本书基于适宜度评价结果，采用基于 GM（1，1）模型的预测系统，对重庆区域创新生态系统 2021～2025 年各创新要素的创新生态位适宜度和权重进行了预测，主要得出如下研究结论：

（1）生态位适宜度预测结果表明，2021～2025 年重庆区域创新生态系统整体的创新生态位适宜度呈现上升趋势。重庆区域创新生态系统的现实生态位与最优生态位的差距将会逐渐减小，重庆区域创新生态系统的发展稳中向好。但若不干预创新环境，其生态位适宜度将在 2022～2024 年呈明显下降趋势，影响重庆区域创新生态系统整体生态效能的提升。

（2）生态要素的权重预测结果表明，2021～2025 年创新平台和创新网络生态位的重要程度将明显提升，提升比例分别高达 44.25%、43.31%。为满足重庆区域创新生态系统的更高层面的发展，应对创新平台和创新网络予以更多关注。创新资源、创新环境生态位权重依然占较高比重，而创新群落生态位权重仍远低于其他要素。

最后，本书基于重庆区域创新生态系统生态位适宜度评价和预测，对其发展的前因条件进行组态研究，主要得出如下研究结论：

（1）创新群落、创新资源、创新平台、创新网络及创新环境 5 类创新要素对实现区域创新生态系统良性发展形成 4 种等效组态模式（如表5.9所示）。从横向看，创新资源和创新平台是科学城发展的核心条件；从纵向看，该结论通过提出实现创新生态系统视域下科学城发展的多维等效路径，弥补了对其前因条件耦合作用的研究局限。

（2）结合生态位适宜度评价及预测结果，健全西部（重庆）科学城创新生态体系应重点关注创新环境，同时较多关注创新平台、创新网络，在4种等效组态模式中初步将组态模式2和组态模式4作为备选模式。考虑到创新资源是科学城发展的核心条件且其生态位权重一直较高，最终选定组态模式4，即重点在创新环境、创新资源、创新平台、创新网络4个要素发力，促进科学城创新生态系统良性发展。

5.6.2 发展路径

上述分析结论为西部（重庆）科学城创新生态系统的构建及发展提供一定的理论依据，但是由于构建科学城创新生态系统是一项高投入、耗时长的复杂工程，西部（重庆）科学城要在2035年全面建成具有全国影响力的科技创新中心核心区，应遵循有计划、分阶段发展的规律，采取全面规划、分期实施、逐步发展的方针。基于以上研究内容，提出2021～2025年西部（重庆）科学城"三步走"发展路径。

（1）发展前期：着力优化创新环境。重庆采用"举全市之力、聚全市之智"的原则建设西部（重庆）科学城，科学城的创新生态系统是重庆现有区域创新生态系统的"缩小版"。从研究来看，西部（重庆）科学城创新环境生态位权重一直较高，同时，创新环境生态位适宜度却很低，若不尽快干预创新环境，其生态位适宜度将在未来 3 年继续下降，严重掣肘科学城整体生态效能的提升。因此，本书认为西部（重庆）科学城"三步走"第一步，应在近两年重点关注创新环境优化。

（2）发展中期：集聚创新资源与建设创新平台并重。创新资源和创新平台是科学城发展的核心条件，区域创新生态系统生态位适宜度预测结果显示，若不进行干预，创新平台生态位适宜度将在 2023 年降低发展速度，进入缓慢发展状态。为此，本书认为西部（重庆）科学城"三步走"第二步，应在中期重点关注创新资源集聚与创新平台建设。

（3）发展后期：强化创新网络连接。从区域创新生态系统生态位适宜度预测结果显示，未来五年创新网络生态位权重将维持高速增长，但若干预，创新网络生态位适宜度将 2024 年降低发展速度，进入缓慢发展状态。因此，本书认为西部（重庆）科学城"三步走"第三步，应在后期重点关注强化创新网络连接。

第 6 章

基于创新生态系统的科创走廊建设研究

本章对成渝绵科创走廊在分散下与一体化下的创新生态系统开展分析，探究各子系统的耦合协调发展关系，为成渝绵科创走廊的建设提供理论借鉴。

6.1 分散下科创走廊生态系统的区域科技协同创新

6.1.1 研究设计

1. 分散下科创走廊区域创新生态系统的协同度测度模型

区域创新生态系统的耦合协调离不开子系统自身的发展及子系统之间的协同有序的互动，子系统自身的有序度越高，子系统之间的耦合程度越高，那么区域创新系统的协调发展的水平就越高。

本书采用熵值法对指标数据进行评价，计算每个指标所占权重，判断指标的重要性，并通过耦合协调模型计算成渝绵科创走廊区域创新生态系统内部的耦合度与耦合协调度，判断系统的协调能力。

（1）采用熵值法评价子系统的指标

首先对指标的数据进行收集，设年份总数为 m，城市个数为 a，指标个数为 b。X_{tij} 即为第 t 年第 i 个城市的第 j 个指标。

通过标准化处理消除原始数据的不同量纲的影响。计算公式为：

$$X'_{tij} = \begin{cases} \dfrac{X_{tij} - X_{\min}}{X_{\max} - X_{\min}}, & (X_{tij} \text{为正指标}) \\[3mm] \dfrac{X_{\max} - X_{tij}}{X_{\max} - X_{\min}}, & (X_{tij} \text{为逆指标}) \end{cases} \tag{6.1}$$

本书中的指标越大越好，故 X_{tij} 均采用正指标。

计算第 t 年第 i 个城市的第 j 个指标 X_{tij} 所占权重，指标数据越大，其所占权重就越多，计算公式为：

$$P_{tij} = \frac{X'_{tij}}{\sum\limits_{t=0}^{m} \sum\limits_{i=0}^{a} \sum\limits_{j=0}^{b} X'_{tij}} \tag{6.2}$$

计算所有指标中 j 指标的熵值，计算公式为：

$$e_j = -k \sum_{t=0}^{m} \sum_{i=0}^{a} P_{ij} \ln(P_{tij}) \tag{6.3}$$

公式（6.3）中，k 为正值，且 $k = \ln(ma)$ 计算所有指标中 j 指标的信息效用值，也就是其重要程度，计算公式为：

$$g_j = 1 - e_j \qquad (6.4)$$

从公式（6.4）中可以看出，指标的熵值越大，其信息效用值越小，该指标越不重要，反之亦然。

计算所有指标中每一个指标所占权重，计算公式为：

$$W_j = \frac{g_j}{\sum g_j} \qquad (6.5)$$

从公式（6.5）中可以看出，指标的信息效用值越大，所占权重越大。

计算各个城市的各项指标的综合评价得分，计算公式为：

$$S_{ti} = \sum W_j * X'_{tij} \qquad (6.6)$$

从公式（6.6）中可以看出，指标的综合评价得分与指标值和指标所占权重均相关。

（2）采用耦合协调模型评价区域创新系统内部的耦合协调性并分级

耦合度也可以叫作内聚性，表示的是子系统之间相互作用的强弱程度，不分利弊；而耦合协同调度能反映协调状态，是良性耦合程度的大小，可以表征各子系统之间是在高水平上相互促进还是低水平上相互制约。综合评价指数是一种对评价结果进行数量化的技术处理，是综合多种指标，形成一个概括性的指数，通过指数对比，以实现评价目标。由于不同的耦合度和耦合协调度指标不能简单的进行加减乘除运算，还需要将数据处理技术与指数分析方法结合起来，对其进行标准化处理，为各指标设定科学合理的权重，以得到较为合理的评价标准，然后进行后续的综合水平分析。

首先，计算子系统的耦合度，模型如下：

$$C = \left\{ \frac{X_1 * X_2 * X_3}{\left(\frac{X_1 + X_2 + X_3}{3} \right)^{\wedge}3} \right\}^{\wedge}3 \qquad (6.7)$$

其中，C 表示耦合度，取值范围为（0，1），其值越大，耦合程度越高。X_1 表示科技投入子系统的综合得分，X_2 表示技术转移子系统的综合得分，X_3 表示技术应用子系统的综合得分。从公式（6.7）中可用看出，每一个子系统的得分都会影响整体的耦合度，且耦合度还受到子系统之间协调性的影响，协调程度越高，系统之间的耦合度越高。本书参考魏奇锋（2021）的划分原则，针对耦合度取值的不同区间，对其进行了等级划分，划分结果如表 6.1 所示。

表 6.1　　　　区域创新生态系统三个子系统耦合度等级划分

C 的取值范围	所处阶段	特　点
（0，0.2）	低度耦合	三者耦合程度低，只能实现科技创新低水平发展
[0.2，0.4）	较低耦合	三者耦合程度较低，只能促进科技创新较低水平发展
[0.4，0.6）	中度耦合	三者耦合对科技创新具有一定的贡献作用
[0.6，0.8）	较高耦合	三者能较好地实现科技创新均衡发展
[0.8，1）	高度耦合	三者之间相互促进，实现科技创新协调发展

为了进一步判断各子系统之间的耦合协调发展状况，引入耦合协调度模型，公式如下：

$$D = \sqrt{C * T} \qquad (6.8)$$

$$T = \alpha X_1 + \beta X_2 + \gamma X_3 \qquad (6.9)$$

其中，D 取值范围为（0，1），表示的是成渝绵科创走廊区域创新生态系统三个子系统的耦合协调度；T 表示的是综合评价指数；α、β、γ 分别表示科技投入子系统、技术转移子系统、技术应用子系统的权重，即子系统的贡献分量，在（6.5）计算公式中可用得到。

D 值越大，区域创新系统的耦合协调度越高，本书参考谢泗薪（2021）的划分原则，针对耦合协调度取值的不同区间，对其进行了等级划分，划分结果如表6.2所示。

表6.2　　　　　　区域创新生态系统耦合协调度等级划分

D 的取值范围	所处阶段	特点
（0，0.2）	低度水平协调	三者耦合协调程度低，只能实现低水平创新发展
[0.2，0.4）	较低水平协调	三者耦合程度较低，只能促进较低水平创新发展
[0.4，0.6）	中度水平协调	三者耦合对创新具有一定的贡献作用
[0.6，0.8）	较高水平协调	三者能较好地实现创新要素均衡发展
[0.8，1）	高度水平协调	三者之间相互促进，实现创新要素协调发展

2. 数据来源

本书选取 2011～2019 年成都、重庆、绵阳三个城市作为研究对象，研究成渝绵区域之间科技创新系统的耦合协调关系。各城市科技创新指标数据来源于《中国科技统计年鉴（2012—2020）》《中国火炬统计年鉴（2012—2020）》《四川科技年鉴（2012—2020）》《四川统计年鉴（2012—2020）》《重庆统计年鉴（2012—2020）》《成都市统计年鉴（2012—2020）》《绵阳市统计年鉴（2012—2020）》及相关统计网站等。

6.1.2　实证分析

1. 成渝绵区域创新生态系统的综合评价指数分析

图 6.1 表示成渝绵区域创新生态系统综合评价指数的时序变化。从整体来看，可以看出成渝绵区域创新生态系统的综合评价指数总体呈上升趋势，且三市创新系统的综合评价指数变化较为相似。2011~2015 年，三地区域创新生态系统的综合评价指数在上升但差距不大。2012 年，我国《"十二五"国家战略性新兴产业发展规划》提出了七大战略性新兴产业的重点发展方向和主要发展任务，党的十八大提出了实施创新驱动发展战略，由于创新需要一定的研发周期，目前这些政策的效果逐渐显现。2015 年，全国"两会"上首次提出"创新是引领发展的第一动力"，2016~2019 年，成都市和绵阳市区域创新生态系统的综合评价指数呈快速上升趋势，而重庆市区域创新生态系统

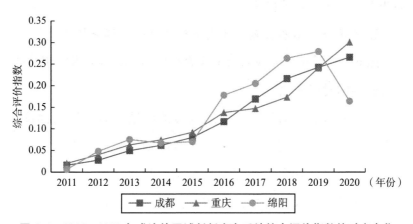

图 6.1　2011~2020 年成渝绵区域创新生态系统综合评价指数的时序变化

的综合评价指数上升速率较缓慢，这是由于在 2017 年技术合同交易额、政府资金占 R&D 经费内部支出的比例出现下降，而后在 2018 年出现回升。总体而言，重庆区域创新生态系统的综合评价指数高于成都和绵阳，这是由于近年来，重庆在大数据智能化的引导下，深入推进"创新驱动发展"战略，推进科技创新取得新进展、新成效，创新能力得到显著增强。而成都区域创新生态系统的综合评价指数高于绵阳，这是由于成都市聚集西部地区最具优势的创新资源和高校，拥有核领域和空气动力等方面的科研优势。而在 2020 年，成都市和重庆市仍呈上升趋势，且重庆的上升趋势赶超成都，这与西部（重庆）科学城和西部（成都）科学城相继批准建立有关，而西部（重庆）科学城的建立时间早于成都，更早发挥资源聚集效应，在区域创新的综合评价指数上得到体现；而在各子系统评分都略有降低的情况下，绵阳市的综合评价指数有所下降，可能由于西部（成都）科学城的建立吸纳了省内城市包括绵阳的有利创新资源，导致省内创新资源分布不均的局面。

2. 成渝绵区域科技创新生态系统的耦合协调分析

图 6.2、图 6.3 分别表示了成渝绵区域创新系统耦合度与耦合协调度的时序变化。

（1）在耦合度方面，成渝绵三市的区域创新系统内部耦合度整体上呈现上升趋势，但上升曲线波动较大。成都市区域创新生态系统内部耦合度整体走势呈上升趋势，且上升速率较为显著，这是由于成都市作为四川省的省会城市，具有庞大的经济腹地，无论是创新资源的聚集、政府政策的倾斜还是创新环

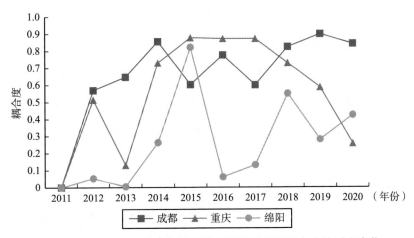

图 6.2　2011~2020 年成渝绵区域创新生态系统耦合度的时序变化

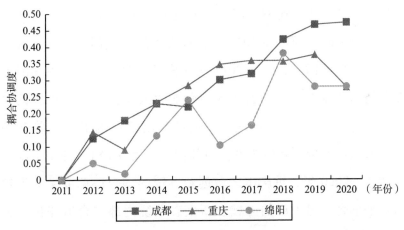

图 6.3　2011~2020 年成渝绵区域创新系统耦合协调度的时序变化

境方面都占据较大优势。但在 2015 年和 2017 年，其区域创新生态系统内部耦合度出现了大幅度的下降，分别由上一年的 0.755、0.774 降至 0.558、0.570，均下降了 26%，下降幅度较大，这是由于成果转化中的技术合同数、政府投入的资金占

R&D 经费内部支出比值下降。2019 年，成都市区域创新系统内部耦合度达 0.916，实现高度耦合，说明成都市区域创新系统内的科技投入、技术转移、技术应用三个子系统之间相互促进，实现科技创新协调发展。2020 年，成都市区域创新生态系统的耦合度略有下降，但仍处于高度耦合的水平，成都市在区位、政策方面都有较为稳定的政策支撑，能够保持较高水平的耦合度。相较而言，重庆市和绵阳市的区域创新生态系统内部耦合度曲线波动较大。2013 年，两市的区域创新系统内部耦合度出现断崖式下滑，由上一年的 0.574、0.301 降至 0.141、0.083，分别下降了 75%、72%，原因分别是经济效益转化中的高技术产业出口额占营业收入比例下降、政府投入资金占 R&D 经费内部支出的比例下降。而后在 2014 年，重庆市的区域创新生态系统内部耦合度出现回升，直至 2017 年又出现下降的趋势，内部因素有高技术产业新产品销售收入占营业收入比例一直处于较低水平、政府投入资金占 R&D 经费内部支出的比例下降。在 2019 年，重庆市区域创新生态系统内部耦合度为 0.581，处于中度耦合状态。2020 年，重庆市区域创新系统的耦合协调度又降为较低水平耦合。绵阳市的区域创新生态系统内部耦合度变化较为明显，在 2016 年、2019 年，耦合度由上一年的 0.782、0.960 降至 0.262、0.625，下降了 66%、35%，原因分别是技术转移中的技术合同交易额下降、技术应用中的高技术产业新产品销售收入占营业收入比例下降、企业对高等学校研发投入减少和高技术产业出口额占营业收入比例下降。在 2019 年，绵阳市区域创新生态系统内部耦合度为 0.625，达到较高耦合水平。2020

年，其内部耦合度又有了进一步的上升，但重庆市仍在下降，考虑到重庆市的支柱产业为电子制造业和汽摩产业，属于传统制造业或者高技术产业的加工环节，缺乏创新潜力，也不符合战略性新兴产业中七大产业的方向，亟需进行产业转型，提升重庆市的创新环境，以聚集更多的创新资源，形成区域创新生态系统的良性循环。

（2）在耦合协调度方面，成渝绵三市的区域创新生态系统内部耦合协调度整体呈现上升趋势，而具体变化呈现差异。成都市区域创新生态系统内部耦合协调度整体走势较为平稳，在 2017～2020 年间上升速率更为明显，这是由于成都是省会城市，在经济、政治、文化上都位于西南地区的中心，地理位置优越，且科技创新基础较好，高校院所数量较多，相较于川渝地区的其他城市，成都在科技成果的转化等方面具有较大优势，无论是科技投入、技术转移、技术应用还是创新环境方面都受到国家政策的倾斜，发展均衡且迅猛在 2020 年，成都市的区域创新生态系统内部耦合协调度上升为中度水平，高于重庆和绵阳。而在 2013 年，重庆市和绵阳市的内部耦合协调度分别由 0.153 和 0.116 下降至 0.095 和 0.075，分别下降了 38% 和 35%，下降幅度较大，这是由于政府 R&D 项目经费投入的欠缺、企业对高校研发投入的不足导致的。而后，重庆市的内部耦合协调度一直呈现上升趋势，直到 2016 年逐渐趋于平稳，耦合协调度处于较低水平。2018～2020 年，重庆市区域创新生态系统耦合协调度先是缓慢上升，然后是较大幅度的下降，绵阳市则先是较大幅度的下降，然后较小幅度波动。具体而言，重庆市整体指标都增长明显，但耦合协调度却没有继续上升，这是由于技术转移中的技术合同交易额出现下降，导致整体的耦合协调度受到影响，且重庆市创新环境虽然良好，但缺乏具有创新潜力的产业类型支持持久的创新活动，以及后续的技术转移和应用过程。绵阳市在 2016 年耦合协调度由 0.249 下降至 0.190、2019 年由 0.439 下降至 0.373，下降幅度较大，原因分别是技术转移中的技术合同交易额下降、企业对高等学校研发投入不足与高技术产业的产值降低、出口额占营业收入比例下降。直至 2020 年，绵阳市的区域创新系统内部耦合协调度处于较低水平。重庆和绵阳两市相比较，重庆的区域创新系统内部耦合协调度高于绵阳，这是由于重庆的综合科技创新水平较高，其科创水平指数位居西部地区第一，并且重庆和成都处在"一带一路"和长江经济带的联结带上，具有区位优势，创新型人才资源也较为丰富。虽然成渝绵地区的创新资源集中，但三市的区域创新系统内部耦合协调度依旧处于失调的状态，一方面是由于成都和重庆两市的区域经济受到行政部门的刚性约束，使得两个城市之间在相同产业上存在产业竞争，产业结构同质化严重。另一方面是由于成都和重庆两地的产业结构、文化氛围相似，而协同发展理念不强，导致了一定程度的资源竞争，影响了创新效率。

综上所述，成渝绵地区资源聚集，区域创新生态系统内部耦合协调水平由低度向较低和中度发展，表明其科技投入、技术转移、技术应用子系统和创新环境在整体上的协调发展水平正逐步上升。成渝地区作为西部地区的重要中心城市发展迅猛，成渝双城经济圈逐渐成为继"京津冀""长三角""粤港澳大湾区"之后的第四大建设的全国科创中心。成渝地处"一带一路"和长江经济带的联结带，地理位置优越，信息交流方便、建设成本低，随着创新资源的不断引进和创新效率的不断提升，成都市的区域创新生态系统内部耦合协调度也在不断上升。重庆成为直辖市后，虽然更容易得到国家重视和政策支持，但其区域创新生态系统内部耦合协调度仍然处于较低水平，表明重庆市虽然资源配置较好，但其并没有充分将自身的潜力和国家的支持转化为自身实力，且其整体的创新环境发展水平有待提升。四川省的科研院所 R&D 经费支出中绵阳与成都占 90%，绵阳市作为四川第二大城市，具有丰富的创新资源，经济实力不断增强，产业结构调整取得较大进展，但其区域创新生态系统内部耦合协调度仍然处于较低水平，表明仅仅注重资源投入是不够的，绵阳市亟需加强对技术应用子系统的重视，使其均衡发展。总体而言，成都市发展潜力巨大，且注重投入子系统与创新环境的均衡发展，其区域创新系统内部耦合协调水平有加速攀升的态势；相较而言，重庆市的技术转移水平有待提升，且需要营造良好的科技创新生态环境，以提升整体的区域创新系统内部耦合协调水平；绵阳市需加强对技术应用子系统的重视来使整体得到协调发展。整体的区域创新系统内部耦合协调水平不只取决于单一的子系统或者创新环境，只有当科技投入、技术转移、技术应用子系统与创新环境都均衡发展，整体的耦合协调水平才能得到稳定提升。总体而言，成渝绵科创走廊聚集了西部地区大部分的创新资源，具有良好的创新环境，但其区域创新系统的水平却与国内以及国际上的区域创新生态系统存在很大差距，具体而言其创新资源的应用水平，技术成果的转移都还有很大的学习和进步空间，产业结构有待优化，对于创新资源的利用（即创新成果产出）尚不能与其所获得的资源水平相匹配。且成渝绵科创走廊存在系统内部地区异质性不强的问题，城市间定位相近、代表产业雷同，难以形成各自的优势产业，形成互补效应。

6.1.3 研究结论

本书通过中国科技统计年鉴、四川统计年鉴等权威数据库搜集数据并采用熵值法对指标数据进行评价，通过耦合协调模型计算成渝绵区域创新生态系统内部的耦合协调度，判断系统的耦合协调发展能力，结合各项指标分析成渝绵区域创新生态系统内部耦合协调水平变化的影响因素，从而进一步揭示成渝绵区域创新生态系统的耦合协调作用机理。研究结论如下：

第一，成渝绵区域创新生态系统内部耦合协调水平主要取决于科技投入、技术转移、技术应用子系统的均衡发展。首先，从科技投入子系统的角度，加大创新人才的投入，形成高质量创新团队，可以有效促进科研活动的产出，提高研发效率，政府等资源投入主体对生产创新活动的创新投入有助于推动科技研发阶段与成果转化阶段的发展；其次，从技术转移子系统的角度，通过将科技投入阶段的创新资源转化为科技成果，有效提高生产力水平，提升技术开发能力，形成规模能力，为后续对科技成果的开发、应用、推广等一系列活动创造先决条件；最后，从技术应用子系统的角度，通过将技术转移阶段的科技成果转化为经济效益，实现了科学发现和发明转化为市场化产品和服务，提升科技成果的社会生产力，促进科技与经济的联动发展。综上所述，科技投入、技术转移、技术应用三个子系统之间具有相互激发、相互作用、共同发展的协同关系，它们共同作用于整体区域创新生态系统，影响内部的耦合协调水平。

第二，创新环境对成渝绵区域创新生态系统内部耦合协调水平起到了促进作用。创新环境是整个创新过程中的重要支撑和保障环节，它承载着创新活动过程中的投入产出，与创新主体、创新要素之间都有着重要的互动关系。创新环境包括各个行为主体之间形成的网络关系、文化环境、基础设施、政策与法规等要素，而创新环境因素来源不仅有企业内部、政府政策、大学、科研机构等，还包括某一区域的经济发展水平、对外开放程度等因素（鉴于数据的可获得性，本书选择了部分经济、社会发展指标开展研究）。因此。创新环境不仅作用于企业技术创新的投入与产出，为科技型企业学习和创新活动的开展提供了基本保障，提升科技创新能力，还可以释放科技人才创造活力，实现产业结构的升级，促进经济社会的健康发展。因此，营造良好的科技创新生态环境有利于促进区域创新系统内部的耦合协调水平提高。

第三，创新资源对成渝绵区域发展起着重要作用，各系统的耦合协调发展对提升区域创新水平至关重要。成渝绵地区聚集了西南地区绝大部分的创新资源，具有良好的创新基础，然而成渝绵各区域创新生态系统的内部耦合度，耦合协调度以及综合评价指数却并未与其构成简单的正相关关系，而是各自存在不同方面、不同程度的问题，导致其总体创新水平并不乐观。在技术研发成果的后续流动方面，技术转移子系统的成熟程度，影响着系统内部创新资源和创新成果的流动效果，决定着能否形成创新系统内部的良性循环；在技术成果的后续资本化和市场化方面，技术应用子系统的成熟程度，决定着创新活动能否为区域创新生态系统带来切实的经济效益，为后续的科技投入注入新的资金，决定着相关产业和横向的技术创新能否有良好的带动效果。每一个子系统环环相扣，相互促进。在创新环境的支撑下，创新资源在这些子系统中进行流动，以促进区域创新生态系统高效运行，提高区域创新生态系统的创新水平。由此可见，成渝绵各区域尚未有效发挥各自创新资源优势，推动技术创新、技术转移、技术应用等创新生态系统各要素的联动发展。

6.2 一体化下科创走廊生态系统的区域科技协同创新

6.2.1 研究设计

1. 评价指标体系构建

结合前文设定指标，从科技创新的研发投入、创新效果

（为讨论方便，将技术转移与应用子系统纳入一个整体）及创新环境三个方面构建成渝绵区域创新生态系统创新评价指标体系，共包含14项指标，具体的指标体系如表6.3所示。

表6.3　成渝绵创新生态系统区域科技创新评价指标体系

目标层	准则层	指标层
创新的研发投入	创新人才投入	R&D人员全时当量（人/年）
	研发经费投入	R&D经费（亿元）
创新效果	科技成果	R&D项目数（项）
		有效发明专利数（件）
		技术合同数（项）
		技术合同交易额（亿元）
	经济效益	规模以上工业企业营业收入（亿元）
		高技术产业产值（亿元）
		高技术产业新产品销售收入占营业收入比例（％）
		高技术产业出口额占营业收入比例（％）
创新环境	政府支持	政府资金占R&D经费内部支出的比例（％）
	产学研合作	企业对高等学校研发投入（亿元）
	创新载体	高新技术企业数（个）
	经济环境	人均GDP（万元）

注：为了讨论方便，表6.3中将技术转移系统与应用系统指标进行了合并，形成创新效果子系统。

2. 研究方法

（1）熵值法及综合评价指数

考虑到指标属性不同，本文采用极值法进行标准化处理。用熵值法来确定各指标的权重 λ_j，系统的综合序参量可通过线性加权和获得，$u_i(i=1,2,3)$的计算公式为：

$$u_i = \sum_{j=1}^{n} \lambda_{ij} X_{ij}, \quad \lambda_{ij} \geq 0, \quad \sum_{j=1}^{n} \lambda_{ij} = 1, 2, \cdots, n, \quad i = 1, 2$$

(6.10)

其中，u_i为综合序参量，即系统的综合指数；λ_{ij}为指标权重。

（2）系统的耦合协调发展模型

系统的耦合协调发展模型由系统的耦合协调度进行测度。该模型是指系统在相互作用关系中良性耦合程度的大小，主要用于分析系统之间的协调水平；耦合度表示系统内的有序情况，耦合协调度可以表征系统功能之间实际协调关系状况（唐晓华等，2018）。本书将成渝绵创新生态系统分为三个子系统，定量地评价特定区域中三个系统的耦合协调发展度，揭示耦合协调发展关系，其中耦合度的计算公式为：

$$C = n \times \left[\frac{u_1 \times u_2 \times \cdots u_n}{\prod_{i=1}^{n} u_i} \right]^{\frac{1}{n}}$$

(6.11)

由此，本书构建科技创新投入综合指数u_1、科技创新效果综合指数u_2和科技创新环境综合指数u_3，故可将式（6.11）简化为：

$$C = 3 \times \left[\frac{u_1 \times u_2 \times u_3}{\prod_{i=1}^{3} u_i} \right]^{\frac{1}{3}}$$

(6.12)

其中，C表示创新投入、创新效果和创新环境三个系统间的耦合度，其取值为0~1，C越大表示三类系统之间的发展越有序。在计算出耦合度后，借鉴徐晔等（2015）的划分标准，本书将耦合水平从低到高划分为 5 个阶段：低度耦合、较低耦合、中度耦合、较高耦合和高度耦合（见表6.4）。

表6.4 耦合水平划分阶段

C 的取值范围	所处阶段	特点
(0, 0.2)	低度耦合	三者耦合程度低，未能实现科技创新发展
[0.2, 0.4)	较低耦合	三者耦合程度较低，不能有效促进科技创新发展
[0.4, 0.6)	中度耦合	三者耦合对科技创新具有一定的贡献作用
[0.6, 0.8)	较高耦合	三者能较好地实现科技创新均衡发展
[0.8, 1)	高度耦合	三者之间相互促进，实现科技创新协调发展

由于创新投入、创新效果和创新环境系统间的指标、尺度等均有所不同，因此仅计算耦合度来表征两系统的相互作用会有一定的偏差，不足以达到分析成渝绵区域科技创新各子系统之间耦合协调发展关系的要求，故而在得出系统间的耦合度之后，可进一步计算其协调度 D：

$$D = \sqrt{C \times T}, \ T = \alpha u_1 + \beta u_2 + \lambda u_3 \qquad (6.13)$$

其中，T 是成渝绵区域创新投入、创新效果和创新环境系统之间的综合协调指数；α、β、λ 为三个系统综合指数的系数，在分析区域系统之间的关系时，较多学者主观将其判断为同等重要程度，即 $\alpha = \beta = \lambda$，但研究从客观方面考虑，结合熵值法中所求得的权重指数，计算出区域科技创新三个子系统的综合指数系数。同时参考卢志滨和王要武（2015）、谢泗薪和胡伟（2021）划分标准，本书对系统协调度类型的划分结果如表6.5所示。

表 6.5　　　　　　　　　　　耦合协调度划分阶段

D 的取值范围	所处阶段	特点
(0, 0.2)	低度水平协调	三者耦合协调程度低，只能实现低水平创新发展
[0.2, 0.4)	较低水平协调	三者耦合程度较低，只能促进较低水平创新发展
[0.4, 0.6)	中度水平协调	三者耦合对创新具有一定的贡献作用
[0.6, 0.8)	较高水平协调	三者能较好地实现创新要素均衡发展
[0.8, 1)	高度水平协调	三者之间相互促进，实现创新要素协调发展

3. 数据来源

本书选取 2011～2019 年成都、重庆、绵阳三个城市作为研究对象，研究成渝绵区域之间科技创新系统的耦合协调关系。各城市科技创新指标数据来源于《中国科技统计年鉴（2012—2020)》《中国火炬统计年鉴（2012—2020)》《四川科技年鉴（2012—2020)》《四川统计年鉴（2012—2020)》《重庆统计年鉴（2012—2020)》《成都市统计年鉴（2012—2020)》《绵阳市统计年鉴（2012—2020)》及相关统计网站等。

6.2.2　实证分析

1. 科技创新系统的评价指数分析

基于上述研究方法，对成渝绵系统内各项指标的权重进行计算，得到创新投入、创新效果及创新环境三个子系统的评价指数，同时，从成渝绵一体化角度分析，结合上述研究方法计算出三个子系统的综合评价指数（见图 6.4～图 6.7)。

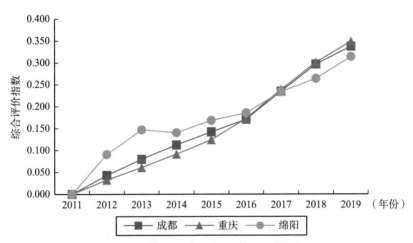

图 6.4　2011～2019 年成渝绵区域间创新投入系统评价指数

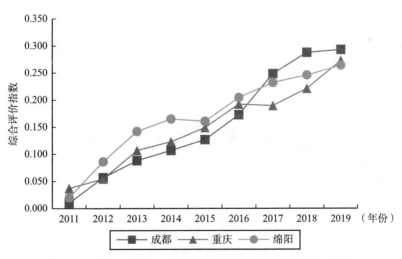

图 6.5　2011～2019 年成渝绵区域间创新效果系统评价指数

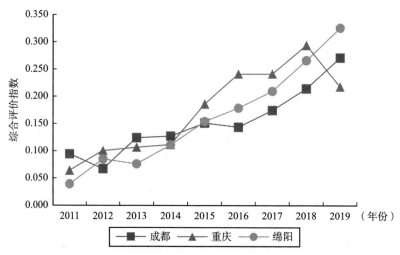

图 6.6 2011～2019 年成渝绵区域间创新环境系统评价指数

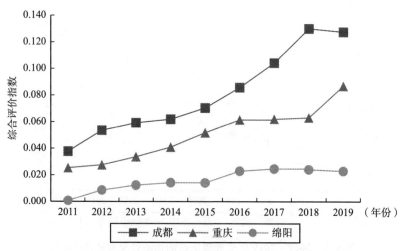

图 6.7 2011～2019 年成渝绵区域间创新系统综合评价指数

图6.4、图6.5、图6.6分别表示成渝绵区域科技创新三个子系统创新投入、创新效果和创新环境评价指数，图6.7反映了成渝绵区域间创新系统的综合评价指数。

从单个系统评价指数来看，图6.4～图6.6反映了成渝绵各地区在上述三方面均呈上升趋势，其中绵阳在创新投入和创新效果方面相对重庆和成都表现较为突出，主要由于建立于2005年绵阳科技城吸引区域内外研究型机构落户产学研协同创新平台，并引入了高科技产业入驻科技产业园区，为其科技创新发展打下坚实的基础。而在创新环境方面，相对于成都和绵阳地区，重庆表现具备较优的创新环境，主要由于重庆拥有便利的交通运输条件，且作为"一带一路"的特殊战略枢纽、经贸合作中心、重要引擎，依靠政府、市场及产学研合作环境发挥其重要节点的优势。除此之外，企业作为创新主体，不只是指开发新技术的主体，更多是指成为参与孵化新技术并实现科技成果转化的主体。2021年5月，重庆市和四川省共建具有全国影响力的科技创新中心，重大创新项目纷纷落地成渝绵地区，原因是成都和重庆具有优越的交通区位优势，绵阳的科教资源禀赋丰富，科技创新的主体地位在三地发展高科技产业和开放型经济中日益凸显。从整体来看，图6.7反映了成渝绵区域间科技创新生态系统的综合评价指数，可以明显看出成都、重庆、绵阳三个城市的科技创新总体呈上升趋势，其中成都的科技创新系统综合评价指数最高，其次是重庆和绵阳。但三个城市的综合评级指数不高，因此，三者的科技创新系统在创新投入、创新效果和创新环境方面还存在明显的进步空间。

综上所述，区域科技创新型城市一般有以下特征：一是拥有良好的创新基础设施，除了传统交通和现代城市基础设施外，还需要如信息网络通道等这样完备的适应创新驱动的新基建；二是能够集聚一流的高校与研究院所，为其科技创新提供研究成果，输送技术和管理等人才；三是有集聚的公共科技服务平台、大学科技园等科技创新平台；四是能够吸引具有强有力的创新动力和创新能力的创新企业。

2. 成渝绵区域科技创新系统的耦合协调分析

（1）成渝绵区域间的耦合协调分析

图 6.8 与图 6.9 分别展示了成都、重庆、绵阳区域整体在创新投入、创新效果及创新环境子系统之间的耦合度与协调度时序变化情况。

从整体来看，图 6.8 显示出三个区域的子系统之间耦合度整体在 0 ~ 0.309 范围内波动。首先，重庆区域各子系统之间的耦合度总体偏高，且波动幅度较大，在 2012 ~ 2018 年呈 U 型变化趋势，但 2019 年又迅速下降；其次，绵阳区域各子系统之间耦合度虽有波动但变化不大，2011 ~ 2019 年总体呈缓慢上升趋势；最后，相比重庆和绵阳区域，成都区域子系统的耦合度变化不大，且总体在 0.055 ~ 0.098 范围内浮动。图 6.9 显示了成都、重庆、绵阳三个区域在创新投入、创新效果和创新环境系统之间的耦合协调度整体不高，在 0 ~ 0.14 范围内变化，处于低水平耦合协调发展状态，但三个区域系统间的总体耦合协调度呈上升趋势。重庆区域相对成都和绵阳区域来说，其耦合协调度高于另外二者，领先进入协调状态，成都的协调度位于 0.055 ~

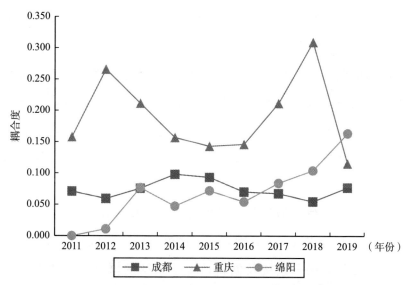

图 6.8　2011～2019 年渝绵区域间耦合度的时序变化

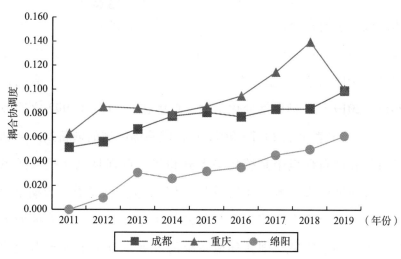

图 6.9　2011～2019 年成渝绵区域间耦合协调度的时序变化

0.098 之间，绵阳区域的耦合协调度上升较为明显，2019 年已增至 0.061。总体而言，成渝绵三者的耦合协调指数均处于低水平发展阶段，表明其创新投入、创新效果和创新环境在各自区域发展的情况下尚未形成良性互动的耦合发展模式，由于成都与重庆、绵阳区域之间的科技创新合作尚未完全循环流动，导致整体的耦合度较低，各地政府应结合地方实际，制定科学合理的协同发展战略，实现成渝绵区域科技创新系统的高度耦合协调发展。

（2）成渝绵区域间各子系统的耦合协调分析

图 6.10 和图 6.11 分别表示了成渝绵整个区域的创新投入子系统、创新效果子系统及创新环境子系统的耦合度和协调度时序变化情况。

从成渝绵区域一体化的角度来看，图 6.10 显示出成渝绵整体区域子系统耦合度整体偏高。创新效果和创新环境子系统的耦合度在 2011～2012 年呈上升趋势，而创新投入子系统在 2011～2014 年呈 U 型变化趋势。从整体来看，三个子系统在 2014～2019 年的耦合度变化不大，总体在 0.815～0.992 之间波动。图 6.11 表示从 2011～2019 年，成渝绵区域的创新投入、创新效果和创新环境子系统均呈上升趋势，特别是创新投入子系统上升速度最快，2019 年已增至 0.575。从整体来看，长期呈稳定良好的耦合水平和持续增长的协调水平，表明成渝绵区域创新投入、创新效果与创新环境系统的发展在整体上处于有效协调发展阶段，主要由于成渝绵通过区域一体化，充分利用区域科技实力，整合创新资源，并通过政府对技术创新的政策支持，

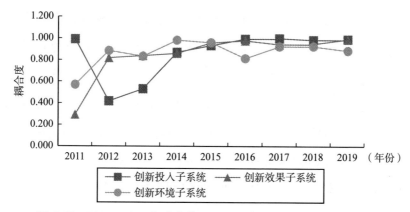

图 6.10 2011~2019 年成渝绵区域间各子系统耦合度的时序变化

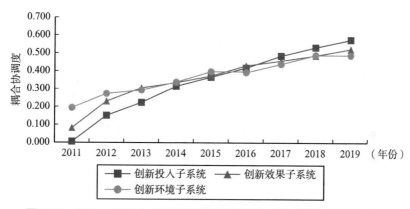

图 6.11 2011~2019 年成渝绵区域间各子系统耦合协调度的时序变化

带动区域内的创新要素流动,初步构建了区域创新生态系统,实现了创新资源有效配置。

综上所述,区域一体化背景下的成都、重庆、绵阳科技创新生态系统逐步由低水平耦合协调发展阶段向中等水平耦合协调发展阶段转变,显示出由重庆地区到成都,再到绵阳地区三级梯度递减的规律。成渝绵区域是西南片区的高校、科研院所以及创新型高技术产业集聚地，绵阳的老牌科技城和成都的高新区集聚了创新资源要素，而重庆受益于水运条件频繁的贸易往来，兼具地理和资源优势，其市场规模不断扩大，创新人才质量逐渐提高，有益于推动科技创新投入、科技创新效果与科技创新环境之间的耦合协调发展。不难发现，在 2011～2013 年，成渝绵区域科技创新系统耦合度波动大，协调度仍然呈现稳定上升趋势，这表明，对协调发展起支撑作用的除科技创新子系统内部因素外，还存在其他要素，这些系统运作较好，共同促进三者的协调发展。而在 2014～2019 年，成渝绵区域科技创新系统呈现高耦合、低协调的特征，表明三者之间相互影响且彼此依赖，但还未形成良性协作、彼此促进的模式，单一区域的科技创新投入高、创新成果转化快或创新环境不断优化发展均不能达到协调发展。总体而言，成渝绵区域科技创新投入、创新效果和创新环境之间的耦合协调发展呈现出"耦合度稳定发展"和"协调度持续提升"的时序演变趋势，具有"重庆—成都—绵阳"三级阶梯的空间发展模式，主要是低水平和中水平协调类型，三地的协调发展还有很大的提升空间。

6.2.3　研究结论

通过成渝绵区域创新生态系统的综合评价，整体分析成渝绵区域间的耦合协调时序变化情况，并结合区域一体化情境，对比分析各科技创新子系统的耦合协调时序发展情况，进一步探讨影响成渝绵区域间科技创新系统耦合协调发展的原因，以揭示成渝绵区域科技协同创新机制，研究结论可以概括为以下三个方面：

（1）区域一体化下的成渝绵科技创新系统耦合协调度相对更高。区域一体化下的耦合协调作用促进成渝绵区域间科技协同创新。区域一体化创新系统主要以产业集聚或扩散而构成"核心—边缘"特征为主，而在创新生态系统内，区域以资源、信息、技术等创新要素共享和扩散形成创新生态型的区域一体化系统。一方面，成渝绵区域内包括政府、企业的创新主体共同打造区域一体化共同体，支持成渝绵的高新区协同创新，促进毗邻区域融合创新，促进创新资源共享、产业互动，以服务国防建设为基础、以军民协同创新为重点，建设成渝绵创新共同体，把成渝绵区域打造成为高质量紧密型创新生态圈。另一方面，成渝绵区域一体化进程中，通过共建开放性区域创新产业共同体，优化其区域创新网络系统，推动集成创新，实现区域共治的创新生态。由于主体的创新活动具有空间扩散特征，会通过创新网络影响周边创新主体行为。例如，绵阳作为老牌的科研创新基地，其技术创新成果在西部地区扩散，与成都、重庆错位联动发展，可以助推成都和重庆的先进产业发展，扩散成渝发展模式和制度创新，进而激发绵阳的创新活力，改善其创新环境。因此，在创新要素流动与创新成果扩散的过程中，区域创新生态系统内的创新主体之间不再是以"核心—边缘"特征的主导与从属关系，而形成了平等合作、协同发展的共享型关系。创新主体通过创新网络进行创新要素与成果扩散以实现其创新价值，系统内的其他主体则通过创新要素集聚与成果应用实现各自的发展创新，两类主体的平等分工，有利于打破以"核心—边缘"为特征的区域格局，进而构建创新生态型的区域一体化耦合协调机制，实现区域科技创新协同发展。

（2）成渝绵一体化能显著促进整体区域科技创新耦合协调度的提升，但其促进作用具有一定的异质性。由区域一体化所形成的"指挥棒"效应可以引起各地区的政府关注并进行合作，区域一体化可以"冲破藩篱"，推动区域间创新资源配置和整合，从而有助于建设区域创新体系。因此，政府对区域一体的重视，能获得外部效应，提高自身的创新能力。这表明城市群规划对创新要素成为经济发展区位优势具有重要影响。传统经济中，区位优势主要由气候、地理位置等自然因素决定，而现今的创新生态系统具有转换生产要素结构的能力并改变了具有区域创新优势和科技发展潜力的创新要素。区域从资源要素驱动方式转变为创新要素驱动，需要更加注重技术与创新人才来实现创新发展，因为创新要素对实现区域发展的贡献会不断上升，传统要素的贡献会大幅下降。

然而，成渝绵一体化对区域科技创新子系统的耦合协调促进作用存在异质性。一是成渝绵各地区自身具有的差异性，原本区域内部在科技创新一体化、集成化水平较高，且科技投入水平较高的区域，如重庆的耦合协调度明显高于成都和绵阳，因为区域集成化和一体化能够促进创新资源有效聚集、同时又可以推动科技投入与溢出，产生明显的创新效果，但这存在一定的区域"门槛条件"。二是区域内部的科技创新环境并非平衡，科技创新水平较为发达的核心区域拥有更为活跃的创新环境。

在区域科技创新集中化进程中，它们相比规模较小、技术水平较低的区域更易实现创新要素之间的流动，科技创新活动增长明显更快，而随着一体化的不断推进，更多依赖技术空间溢出的区域越容易实现技术交易和创新成果应用，进而促进区域整体创新效果明显提升。三是成渝绵各地区产业发展形态的多样性。由于新技术渗透与辐射会促使新兴产业和传统产业不断涌现出新业态和新模式，而这些新业态、新模式会受区域的消费市场和社会环境等因素的影响，进而表现出区域异质性。

（3）构建良好的创新生态能促进成渝绵区域科技协同创新。创新环境主要是经济、制度、文化等要素，创新群落是由区域内的创新主体相互关联形成的创新网络形成的，创新生态系统是由创新主体、创新群落以及创新环境之间互相作用依赖所构成的，并统一于创新活动的整个动态过程。创新群落一般内生于创新生态系统中，一方面，作为创新生态系统中最活跃的要素，其发展状况也会影响创新环境；另一方面，创新群落的发展应注意与创新环境相适应。由于创新群落的形成与发展对创新生态系统的演化的影响，优化创新环境已成为发展创新生态系统重要表现形式。成渝绵区域科技创新的耦合协调发展需要有良好的创新生态，而在良好的创新生态中创新群落与创新环境是相互协调、共同演化的。区域创新支撑创新群落持续发展并成为创新群落生长、创新要素流动的主要载体，而区域科技创新产业共同体是创新群落与创新环境共生演进的最优组织形态。因此，成渝绵地区应积极参与构建区域创新共同体和区域科技创新产业共同体，同时在科技创新的需求驱动、价值取向上共同推进。然而区域之间的分工与协作必然会产生风险投入、利益分配等问题，作为创新生态中主要的行为主体，各类创新主体是共同体的构建者，而共同体的形成与发展也需要各类主体的协商共治。综上所述，一方面，成渝绵地区需要通过多维共治来培育和塑造基于创新网络的区域创新共同体；另一方面还需要通过持续优化创新环境来促进创新生态的良性循环，进而推动成渝绵区域实现共享型区域一体化发展。

第 7 章

区域科创中心建设总体思路及对策

基于前文分别对分散化和一体化下科创走廊生态系统的协同创新分析，要建设好区域科创中心，推动成渝地区双城经济圈建设，既要建设科学城，又要建好科创走廊。本章分析总结科学城和科创走廊的发展思路和对策建议。

7.1 科学城发展的总体思路及对策

7.1.1 科学城发展的总体思路

重庆是西部唯一的直辖市，拥有政策、产业、区位等发展优势，但是，重庆地区的科技创新仍处于低研发强度、低科研成果转化率的阶段，创新不足的短板直接影响了重庆创新的"高度"。

目前，重庆正"举全市之力、集全市之智"推动"科、产、城"融合发展，高标准高起点建设西部（重庆）科学城。作为"后发"科学城，西部（重庆）科学城可以根据本地产业基础、资源禀赋、地理位置、创新资源等实际情况，瞄准国家战略需求，突出区域特色，打造具有全国影响力的科技创新中心。

作为新建科学城，国内外众多科学城为西部（重庆）科学城的建设与发展提供了较为丰富的建设经验与教训，为西部（重庆）科学城的建设提供了经验启示。

7.1.2 科学城发展的对策建议

基于前文调查研究分析、案例分析以及数理分析等结果，充分借鉴北京、上海、武汉等其他先进科学城建设经验，结合重庆实际及西部（重庆）科学城发展定位，提出以下对策建议：

（1）健全创新生态体系，引领科技前沿新方向。一是建立与健全创新生态体系。作为新建科学城，西部（重庆）科学城亟需通过打造产学研协同创新平台（如产业平台、教研平台、研发平台、科技服务平台），进一步完善、优化西部（重庆）科学城区域创新体系。还需要进一步加强大学城与科学城互动，构建以促进知识流动为核心的区域创新生态系统、强化产学研合作提高竞争力为核心的产业创新系统、以培育核心竞争能力为核心的企业创新系统，打造与完善区域创新生态系统体系，不断升级西部（重庆）科学城创新生态体系。通过围绕产业链构建创新链，建立与西部（重庆）科学城产业创新发展相适应的产业创新系统，推动政策工具、技术系统、市场环境协调发展，突出西部（重庆）科学城的区域特性和产业特性，着力提升西部（重庆）科学城产业竞争力。通过构建培育核心竞争能力为核心的企业创新系统，推动西部（重庆）科学城企业技术创新、市场创新和商业模式创新协同发展。重点举措包括：不断完善创新服务体系、鼓励产业链协同创新、健全创新创业生态系统等。

二是不断弥补科技创新体系中的"短板"。要建成全国有重要影响力的科技创新中心，亟需补齐现有科学城建设的短板，如通过建设重大科技基础设施集群与实施国家重大科技计划项目，填补现有创新生态体系中的"缺口"，培育重大基础科研力量，引领科学城向前沿反向突进。

首先，建设重大科技基础设施集群，补创新生态体系"短板"。围绕国家战略需求、世界科技前沿，采取央地共建等模式，争取国家布局大科学装置、国家（重点）实验室等重大科技基础设施，争创国家制造业创新中心、国家技术创新中心等国家级创新平台，推动形成空间分布相对集中、研究方向密切关联的重大科技基础设施集群。加快推进超瞬态物质科学实验装置、中国自然人群资源库重庆中心、重庆国家应用数学中心、多态耦合轨道交通动模试验平台等重大科技基础设施筹建工作。

其次，争取国家重大科技计划项目，壮大战略科技力量。深入对接"科技创新2030重大项目"，争取更多重大科研项目在西部（重庆）科学城落地。整合一流科研团队，加强关键领域核心技术攻关协作，探索大纵深、跨学科的研发模式，支持龙头企业联合高校、科研院所牵头组织实施国家重点研发计划。采用张榜招标、揭榜挂帅等方式，支持多方主体开展"卡脖子"技术联合攻关，对获得国家科技创新资金支持项目给予一定资金配套，形成核心技术突破后的持续改良机制，及时跨越技术商用的成熟度阈值。

（2）强化科技人才引培，集聚科技创新源动力。一是建设"双一流"和科研院所。支持重庆大学、重庆医科大学等高校在各类学科和研究中争创一流，积极打造特色院校、特色学科，推动"双一流"学科建设，汇聚知识发现和科技创新重要力量，打造培养各类高素质优秀人才的重要基地。以优势学科为抓手，支持西部（重庆）科学城高校联合共建学科、学院，支持校所、校企、校地深度融合，探索建立适应不同培养需求、形式多样的协同科研创新模式。争取国内外一流高校在西部（重庆）科学城建设分校、分支研究机构或重点科研平台。二是打造高端科技人才集聚区。探索高校企业人才联合引进、共享海外人才联络机构、共用海外人才离岸创新基地等方式，招引两院院士、长江学者、国家"千人计划"、诺贝尔奖科学家团队等"塔尖"人才。建设重庆国际院士港，打造院士创新生态体系。加大自然科学基金项目资金配套，推动博士后科研流动站和企业科技创新中心协同发展。建立西部（重庆）科学城人才专家库，发挥高端科研人才在重大项目研发、技术攻关、政府决策参谋等方面的积极作用。

（3）推进创新平台建设，营造平台生态新局面。一是推进创新平台建设。统筹创新平台布局，完善政策结构，对重大创新平台给予建设及运营两个阶段的支持。整合重庆市高校院所、院士专家等科研力量，突破人工智能、生物医药、脑科学、基因治疗、纳米材料等未来产业的核心技术，建设一批交叉前沿研究平台。支持陆军军医大学、重庆医科大学等在"医学＋人工智能""医学＋生物材料"等领域开展学科合作，建设医工交叉研究院。支持重庆大学建设跨尺度多孔材料、量子材料与器件等具有全国影响力的前沿交叉学科研究中心。

二是打造创新平台生态圈。围绕"科技创新""高端研发""创新服务"等着力点，构建"1＋N"创新平台模式（1—牵头单位，N—多个创新研发团队），打造多元融合的创新平台生态圈。围绕对创新平台的统筹规划，从顶层和政策供给端加强创新平台对资源整合的调节能力，将人才引进服务、知识产权服务及成果转化服务等创新平台纳入政策支持体系，充分发挥"高新金服""双创服务"及"知识产权运营服务"等平台优势，助推科技成果转化。

（4）构建协同体制机制，打造创新网络强连接。一是完善组织保障体制。建立健全成渝两地共建西部（重庆）科学城体制，统一组织协同，争取科技部与重庆市、四川省签订打造具有全国影响力的科技创新中心战略合作协议，建立由科技部主导下的西部（重庆）科学城联席会议制度，设置科学城建设办公室轮值主席制度，充分调动各方积极性。统一规划发展，明确战略定位、主要功能及重点建设任务。统一政策保障，加强科学城创新、产业、人才等各项政策衔接，形成叠加效应，制定资源市场相互贯通、科研资金跨省使用等办法。

二是构建多层次协同机制。加强西部（重庆）科学城和西部（成都）科学城跨区域联动，建立健全由两地政府职能部门、科研机构、企业和投资机构等多元主体共同参与的多层次协作机制，提供全方位金融支撑，实现创新链、产业链和资金链深度融合。加快推进"企业需求＋高校（院所）成果＋技术经纪人＋基金"转化模式、知识价值信用贷款改革试点工作，吸引更多社会资本协同共建科学城。

（5）完善金融支持体系，强力保障创新与创业。资金支持是推动科学城发展的重要保障。资金支持不仅包括国家及各地政府的财政补贴、政府购买、税收减免等政策支持，还包括市场化的金融机构（如银行借贷、风投等）。借助各类科技金融产品，创新主体（如中小企业、科研院所甚至龙头企业等）有望解决融资门槛高、融资难度大、资金渠道匮乏等问题。

一是围绕城市发展、产业发展等，构建多元、梯度孵化投资服务体系，鼓励众创空间通过自建或利用政府创业投资引导基金等各类母基金设立创业投资基金，支持众创空间采取自投、跟投、领投等方式投资在孵企业和毕业企业。

二是升级自身创新创业服务水平，提升孵化融资能力，建立健全由众创空间、创业企业、担保机构、投融资机构、政府机构等组成多元的投资风险分担机制，引导众创空间以联合授信、内部担保、与其他机构联合担保等方式，协助担保公司、小额贷款公司、商业银行等金融机构为在孵企业提供融资服务。

7.2 科创走廊发展的总体思路及对策

7.2.1 科创走廊发展的总体思路

纵观全球科创中心建设历程，具有全球影响力的科技创新中心一般包括大学和科研院所在内的科技创新资源高度聚集，拥有一批在全球有影响力的科学家和科技领军企业，创新生态系统富有活力，能够创造一批对全球产生了广泛影响力的科技成果，辐射带动区域甚至全球经济发展的引擎。

反观我国科创中心的建设版图，我国京津冀、长三角、粤港澳地区定位于具有全球影响力的国际科技创新中心，成渝地区定位于具有全国影响力的科技创新中心。高起点建设成渝综合性科学创新中心是成渝地区双城经济圈建设的重要内容，科学创新中心建设需具备大科学装置集群、世界一流研究型大学、顶级科研院所、顶级企业研发中心等四大核心要素。

对标国外的 128 号公路、101 号公路等以及国内的广深科创走廊、杭州城西科创大走廊、G60 上海松江科创走廊等典型代表，构建成渝绵区域协同创新体系，有利于科学创新中心建设要素集聚、高能级科创平台建设、领军型科创人才培养，建成具有全国影响力的科技创新中心。

成渝地区区域协同创新的核心要点是发挥体制机制、创新主体、平台和人才等区域协同作用，推动一体化发展。目前成渝地区还存在创新体制机制不畅、创新投入不足、引领性平台不强、创新主体数量不够等问题，单项创新要素相对不足，处于建设初期，建议从顶层设计、政府与市场协同、多层次协同创新、科研平台协同、创新型人才协同、科技金融协同等方面发力，推动成渝地区区域协同创新体系建设，助推成渝绵科创走廊建设。

7.2.2 科创走廊发展的对策研究

政府和市场是推动创新最重要的因素，而市场的有效性和政府的作为是推动区域创新的前提。纵观国内外区域创新、科创走廊的成功模式与发展经验，已经形成以政府为主导或以市场为主导或两者共同主导等模式，但是每一种模式的形成与演化均受到区域自身资源禀赋、历史文化、发展阶段、创新环境等诸多关键因素的影响。目前，成渝绵科创走廊依托政府力量正全力打造区域协同创新体系，尚处于建设初期。根据成渝地区自身优势，为加快建成在全国具有重大影响力的科创中心，建议采用政府—市场主导混合型模式，为此提出如下建议：

（1）完善组织保障与顶层设计。

成立专门的省级协调领导机构，探索跨省市协调机制，破除行政壁垒，加强区域协调，合理规划空间布局，完善区域功能协作，规划一体化发展将分散在成渝不同区域的静态、封闭、独立的区域创新系统向动态、开放、一体化的跨行政区域创新系统转变。

借鉴广深科创走廊等发展经验，尽快编制、出台成渝地区区域协同创新合作协议，深化创新驱动发展战略，减少同质竞争与"摩擦"，建立以技术创新链为基础的区域协同创新系统，培育创新网络，促进科创资源共商、共建和共享，促进成果转化。因此，在政府的顶层设计、政策倾斜与引导下，推动创新要素的流动和集聚，依靠政府投入降低创新成本，加快培育人才，完善市场机制，打造良好的创新生态。

（2）构建多层次协同创新。

借鉴 G60 科创走廊等建设经验，通过顶层设计优化空间布局，搭建"一廊三城、多点突破"的创新网络，即依托成渝高速公路（高铁）线形成"成渝科创走廊"，同时依托西部（成都）科学城、西部（重庆）科学城、中国（绵阳）科技城及成渝地区 12 家国家级高新区等为技术创新突破点构建创新网络。赋予重庆、成都"双核"地位，塑造成为全球价值链高端的创新"主阵地"和引领国家科技攻关的"排头兵"，圈内其他城市围绕"双核"形成外围圈层，承载更多的技术职能与重大技术创新的产业化基地。

按照"一城多园"模式，依据区域和城市禀赋结构的特点，探索"成渝绵"地区任务分工、利益共享与风险共担机制，推动人、财、物等创新要素流动，共建重大创新平台、科技创新基地、成果转化基地，推动企业需求、科技成果、专家、经纪人队伍等共享，实现成渝两地科学城协同发展。

持续创新体制机制，与长三角、粤港澳、京津冀、欧美日等全球科技创新中心城市对接，引领协同创新国际化，高水平链接"全球智慧",建立广泛的、可持续的协作创新联盟关系,推动跨地区创新要素流动、科技合作创新与成果转化。

(3)持续调整政府管理与市场竞争的协同。

在科创走廊建设的各个时期,尽管政府和市场发挥着不同的作用,但二者是缺一不可的。在成渝绵科创走廊建设初期,政府要在基础设施、创新资源、创新孵化、成果转化等公共服务一体化方面进行财政、税收等支持,发挥主导作用,同时推进有效的市场机制和企业间充分的交流协作,充分发挥大数据优势建立有效的市场反馈机制,保障政府、投资人等全面掌握市场信息,提升创新投入、服务的精准性;政府协同市场探讨成渝绵科创知识产权保护机制,积极建立健全优良的创新环境,保障创新主体的知识产权,提高创新主体的创新动力。

(4)科研平台协同。

围绕创新链的各个环节,引导西部(重庆)科学城和西部(成都)科学城有序竞合,建立统一的技术交易平台、转移中心和知识产权交易中心,发展重大基础设施和大科学装置,联合实验室和教育基地。

重庆高新区以建设科学城为契机,围绕高校、科研院所等构建研发创新平台,建设大科学装置和工程、国家级实验室等,强化重大科技基础设施建设,高标准布局"科研重器",进一步增强重庆高新区的原始创新能力。两江新区的两江协同创新区、数字经济产业园、礼嘉智慧城、仙桃数据谷等平台通过聚集高端创新资源,提升创新驱动发展能力。构建西部(重庆)科学城、两江新区与广阳岛智创生态城的市内协同创新体系。在各大创新聚集区，推动协同创新社区化，高品质建设科学家园。

持续推进成渝高校高端研究平台向科学城集聚，拓展科学研究的"高原"与"高峰"；引进成渝地区高水平科研院所到西部科学城设立新型研发机构，建立应用研究平台，推动成果转化；鼓励国有大中型企业在科学城设置研究平台，将平台建设、研发投入等纳入企业评定体系，激励企业加大研发力度。持续推进协同创新生态化，高强度构建创新网络。

（5）创新型人才协同。

科技创新推动成渝绵地区高质量发展，人才是最重要的要素。一是结合科技创新的"四个面向"。针对成渝绵科技创新的战略需求，支持重点高校"双一流"建设，提高科技教育资源的质量与水平；深化与国际知名高校的联合办学，引进国内知名高校和科研机构到成渝建立研究分院，为成渝地区的高端创新人才"落户"提供平台。二是充分开发成渝科教资源的优势，探索创新型人才自由流动制度，建立开放流动共享的区域人才综合发展机制，构建起"大学城＋科学城"协同互促模式。三是加强成渝地区的国际合作，培育一流学科，提高人才培养质量，支持大学按照科研项目设立、建立附属公司，促进科技成果转化。

（6）科技金融协同。

一是开展政府采购时，同等条件下优先采购成渝地区科技型中小企业的产品和服务；二是对成渝"双一流"建设高校加大地方财政投入与扩大融资渠道；三是设立成渝共同出资的财政创新专项资金，用于两地科研院所、高校等重大科技攻关项目、引导西部科学城的科技企业协作进行关键技术攻关和产业化应用；四是利用政府预算联合建立"种子基金"来撬动社会投资，鼓励高层次创新创业；五是鼓励两地联合设立科技风险投资基金，引导风险投资、天使投资进入，做大科创"资金风险池"。

（7）产业链供应链创新链协同。

在地区支柱产业内，遴选、促进协同创新产业化，高起点培育一批"产业链主"和"创新硬核企业"，推动科技创新与产业协同发展。

对标国内战略性新兴产业、未来产业等布局，对比成渝地区战略性新兴产业发展基础、政策优势，遴选一批创新强、市场发展空间大的产业，长远谋划、超前布局战略性新兴产业集群。

强化创新链和产业链、创新链和服务链、创新链和资金链对接，围绕产业链部署创新链、围绕创新链完善资金链，培育一批优势产业链条和一批具有产业生态主导力的优质企业，支撑西部高质量发展重要增长极。

附　　录

附录 1　部分研究资料目录

（一）政府文件

[1]《中共中央关于制定国民经济和社会发展第十四个五年规划和二〇三五年远景目标的建议》

[2]《成渝地区双城经济圈建设规划纲要》

[3]《四川省"十四五"规划和 2035 年远景目标纲要》

[4]《重庆市科技创新"十四五"规划（2021—2025 年）》

[5]《成都市"十四五"科技创新规划（2021—2025 年）》

[6]《重庆高新区国民经济和社会发展第十四个五年规划和二〇三五年远景目标纲要》

[7]《成都市国民经济和社会发展第十四个五年规划和二〇三五年远景目标纲要》

[8] 科技部上海市人民政府江苏省人民政府浙江省人民政府安徽省人民政府关于印发《长三角科技创新共同体联合攻关合作机制》的通知

（二）网站资料

[1] 中国知网：https：//kns. cnki. net/.

[2] Innojoy 专利数据库：https：//www. innojoy. com/.

[3] 中文互联网数据资讯网：http：//www. 199it. com/.

[4] 中国国家数字图书馆：https：//www. nlc. cn/.

（三）部分研究报告

[1]《中国区域科技创新评价报告 2021》

[2]《国家高新区创新能力监测报告 2019》

附录 2　研究数据来源

科学城研究数据来源于实地调查研究和现有统计数据两部分。其中统计数据类型主要涉及中国 30 个省市（港澳台和西藏除外）相关数据，数据来自《中国高技术产业统计年鉴》《中国科技统计年鉴》《中国火炬统计年鉴》（2011—2020），且本书利用已知数据采用线性回归拟合插补缺失数据（最小二乘法），最终构建了 2010～2019 共十年的平衡面板数据库。

成渝绵科技创新走廊数据以 2011～2019 年成都、重庆、绵阳三个城市作为研究对象，研究成渝绵区域之间科技创新系统的耦合协调关系。各城市科技创新指标数据来源于《中国科技统计年鉴（2012—2020）》《四川科技统计年鉴（2012—2020）》《成都市统计年鉴（2012—2020）》《四川统计年鉴（2012—2020）》《绵阳市统计年鉴（2012—2020）》《中国火炬统计年鉴（2012—2020）》《重庆市统计年鉴（2012—2020）》及相关统计网站等。

通过对数据的整理汇总，构建数据库，部分数据如下所示：

附表 1

2019 年中国各省市创新生态系统要素相关数据

城市	创新群落			创新资源		经济环境						技术环境			
	企业单位数（个）	高等学校数（个）	普通高等学校教职工总数（人）	R&D人员（人）	R&D经费（万元）	居民人均可支配收入（元）	城镇居民人均消费支出（元）	农村居民人均消费支出（元）	货运量（吨）	客运量（人）	外商投资企业进出口总额（万元）	专利申请授权数（件）	规模以上企业新产品销售收入（万元）	规模以上企业新产品开发经费支出（万元）	技术市场成交额（万元）
北京	1174904	92	150203	46172	2974156.500	69433.540	41726.260	20912.677	22202.901	30936	54345851.078	25147	53449396.900	9779801.500	63161621.965
天津	371124	56	49551	45227	2287717.300	43854.094	30894.705	16844.068	52519.243	10602	38171334.975	19033	38919876.100	5437874.600	10895598.113
河北	1456954	125	117593	86337	4854543.500	27135.937	23167.439	12644.221	247322.639	17677	5982372.484	24815	71909824.900	6034108.500	5549045.879
山西	7722765	85	61035	32547	1561790.000	25213.671	20331.855	10290.104	190232.010	12457	8706153.027	8444	23111204.700	2375322.900	449790.701
内蒙古	439523	54	41887	18393	1293714.300	31497.315	23887.691	13593.731	178071.069	6522	643400.957	5755	12424597.700	635723.300	359540.313
辽宁	748782	114	97912	59978	3353222.300	32738.277	24849.126	12311.189	167340.825	33539	25322869.092	17790	44409366.200	4376062.300	6328126.429
吉林	237731	64	63666	11806	776447.700	25751.034	21623.222	11863.565	44847.995	15308	6372074.247	6476	22400314.900	585936.300	4621541.224
黑龙江	344360	80	75226	14272	774634.200	24901.973	20397.336	12359.952	48662.361	12297	1159683.150	5963	8207462.800	318302.100	2652015.028
上海	532762	63	78995	87957	6350087.000	72232.400	44839.324	22095.487	138839.184	9234	225133721.776	40630	101592156.600	14694287.700	15832248.385
江苏	2540015	167	180839	538781	23816884.600	43390.351	30882.203	17021.723	276639.721	85310	250025679.956	196799	394428431.100	89402034.400	20878467.667
浙江	2277240	109	104059	480493	13958988.400	52397.403	36196.935	21555.396	300276.174	58075	54328372.135	138589	283024993.000	57204309.700	14033228.403
安徽	1160828	120	86988	139988	6394210.600	28103.186	22682.652	15023.523	374503.140	32366	15506152.714	66677	120543818.600	14336687.600	6595728.093
福建	1156978	89	77119	140850	6669130.900	37202.428	30486.537	16338.872	140697.974	23163	39200568.687	45774	60975491.600	15293259.700	1635367.336
江西	765836	105	90593	100473	3460219.100	28016.508	22134.315	13579.442	157148.505	41913	9054135.158	30838	72213414.400	9353771.000	2334098.938
山东	2842426	152	172041	255281	13656187.300	32885.679	27291.103	12660.440	317023.942	30757	48836590.270	78928	170810781.900	18812431.000	19038905.994
河南	1652264	151	172105	145464	6855770.400	24810.101	20644.915	12201.103	219938.827	57909	41010045.855	38206	79074955.500	25225587.900	3797786.255

续表

城市	创新群体			创新资源		经济环境						技术环境			
	企业单位数（个）	高等学校数（个）	普通高等学校教职工总数（人）	R&D人员（人）	R&D经费（万元）	居民人均可支配收入（元）	城镇居民人均消费支出（元）	农村居民人均消费支出（元）	货运量（吨）	客运量（人）	外商投资企业进出口总额（万元）	专利申请授权数（件）	规模以上企业新产品销售收入（万元）	规模以上企业新产品开发费支出（万元）	技术市场成交额（万元）
湖北	1183265	129	134736	125066	6109588.300	27880.596	22885.475	14472.496	160421.699	30112	8561824.191	44035	95968819.800	6763430.500	16658079.927
湖南	831104	128	111678	121470	6645286.000	29379.860	26796.436	14973.956	200877.507	56376	5385710.666	36209	83879023.200	5907820.100	7359497.097
广东	3526206	154	177919	700017	24999526.700	41028.634	33511.297	17132.333	344577.781	79351	278808063.725	305665	443130512.800	131329922.800	32672141.779
广西	754741	82	82313	20407	1133331.900	24562.349	20906.517	12431.120	187443.628	34947	7818967.339	7546	25712986.200	1778018.400	916690.864
海南	140362	21	17948	2050	117021.300	27904.077	23559.902	13169.327	20670.250	7926	3046905.033	926	1347309.700	22345.700	201901.856
重庆	642720	68	66474	69843	3725609.500	30823.934	26464.390	14139.544	121692.349	37205	34974455.873	19736	58806718.900	11941326.400	1177864.641
四川	934554	132	135028	90128	4276382.800	26522.062	25133.166	14952.636	171896.069	57508	57196988.149	34536	49699119.500	4371971.300	12445928.028
贵州	543603	75	54246	26261	1053573.900	21795.405	20587.042	10817.553	86644.381	40137	248794.609	7227	8760932.400	294623.400	2491149.785
云南	741669	82	58107	28894	1451453.900	23294.888	24569.376	11069.481	121057.639	24177	513858.770	9451	12160954.300	164127.000	499497.595
陕西	689053	96	110130	48809	2684020.400	26226.029	22866.360	11375.701	165260.385	36798	24025846.445	15187	24941897.800	1016469.500	17587198.233
甘肃	302596	50	42277	8614	521333.600	20335.109	24614.609	9922.945	67239.071	26686	47894.884	3829	5780308.000	465273.200	2331559.345
青海	112136	12	7260	1557	103699.200	24037.358	24315.180	12134.190	14478.499	4135	4470.583	1423	2094603.600	7629.700	105626.492
宁夏	133774	20	12574	8333	453490.800	25734.945	22379.086	11724.316	42849.611	3560	208655.452	3774	4592013.600	233859.200	168054.193
新疆	329091	56	34225	4752	391938.600	23844.728	22951.769	10778.195	57813.857	6960	100093.467	4427	6308868.300	370405.100	151122.964

附表 2　2010~2019 年中国各省市生态位适宜度水平

城市	创新群落水平	创新资源水平	经济环境水平	技术环境水平	总体生态适宜度
北京	2.512	1.757	4.748	3.190	7.739
天津	0.898	1.268	3.561	1.154	3.442
河北	1.879	1.650	2.914	1.869	5.746
山西	1.361	0.633	2.467	1.129	3.281
内蒙古	0.905	0.641	2.895	0.703	2.365
辽宁	1.987	1.203	3.732	1.711	5.270
吉林	1.143	0.747	2.217	0.892	2.986
黑龙江	1.497	0.575	2.335	1.346	3.630
上海	1.404	1.604	5.242	2.181	5.473
江苏	3.365	5.892	6.004	4.976	14.936
浙江	2.304	3.259	4.994	3.884	9.971
安徽	1.879	1.835	3.566	1.618	5.595
福建	1.57	1.504	3.31	1.997	5.388
江西	1.593	1.089	2.716	1.211	4.095
山东	3.205	4.194	4.302	3.725	11.522
河南	2.396	2.371	3.625	2.175	7.302

续表

城市	创新群落水平	创新资源水平	经济环境水平	技术环境水平	总体生态适宜度
湖北	2.255	2.028	3.400	2.03	6.624
湖南	2.001	1.678	3.684	1.794	5.753
广东	3.134	4.972	6.271	5.777	14.883
广西	1.231	0.702	2.607	1.469	3.559
海南	0.272	0.123	2.013	0.265	0.721
重庆	0.947	1.066	2.87	1.27	3.482
四川	2.144	1.620	3.615	2.345	6.591
贵州	0.923	0.426	2.587	0.926	2.386
云南	1.099	0.543	2.394	1.274	3.050
陕西	1.605	1.237	2.836	1.419	4.519
甘肃	0.838	0.375	1.97	0.84	2.169
青海	0.184	0.109	1.816	0.167	0.497
宁夏	0.262	0.145	2.007	0.241	0.678
新疆	0.784	0.348	2.225	0.903	2.214

附表3　　2010～2019年各省市的区域创新生态位适宜度及进化动量结果

城市	2010年	2011年	2012年	2013年	2014年	2015年	2016年	2017年	2018年	2019年	均值	排名
江苏	0.742 (0.601)	0.771 (0.566)	0.785 (0.549)	0.767 (0.575)	0.805 (0.53)	0.776 (0.56)	0.756 (0.578)	0.739 (0.584)	0.727 (0.593)	0.733 (0.588)	0.76 (0.572)	1
广东	0.724 (0.624)	0.700 (0.645)	0.682 (0.665)	0.683 (0.673)	0.695 (0.657)	0.721 (0.633)	0.744 (0.606)	0.773 (0.566)	0.797 (0.528)	0.785 (0.546)	0.73 (0.614)	2
北京	0.727 (0.622)	0.709 (0.644)	0.701 (0.659)	0.703 (0.657)	0.695 (0.665)	0.686 (0.68)	0.690 (0.685)	0.683 (0.689)	0.677 (0.697)	0.680 (0.692)	0.695 (0.669)	3
上海	0.694 (0.629)	0.672 (0.658)	0.646 (0.694)	0.651 (0.689)	0.68 (0.665)	0.651 (0.701)	0.651 (0.725)	0.653 (0.755)	0.611 (0.748)	0.632 (0.751)	0.654 (0.701)	4
浙江	0.605 (0.741)	0.613 (0.734)	0.603 (0.743)	0.611 (0.738)	0.616 (0.732)	0.621 (0.734)	0.603 (0.746)	0.592 (0.751)	0.598 (0.738)	0.595 (0.744)	0.606 (0.74)	5
山东	0.596 (0.761)	0.590 (0.767)	0.587 (0.772)	0.595 (0.767)	0.6 (0.754)	0.602 (0.754)	0.595 (0.761)	0.594 (0.757)	0.567 (0.788)	0.58 (0.772)	0.59 (0.765)	6
天津	0.497 (0.891)	0.502 (0.886)	0.505 (0.884)	0.51 (0.876)	0.501 (0.878)	0.509 (0.877)	0.512 (0.874)	0.504 (0.882)	0.498 (0.893)	0.501 (0.887)	0.504 (0.883)	7
辽宁	0.513 (0.893)	0.504 (0.868)	0.506 (0.87)	0.505 (0.872)	0.502 (0.874)	0.492 (0.895)	0.482 (0.916)	0.476 (0.918)	0.474 (0.924)	0.475 (0.92)	0.493 (0.895)	8

续表

城市	2010年	2011年	2012年	2013年	2014年	2015年	2016年	2017年	2018年	2019年	均值	排名
湖北	0.491 (0.862)	0.491 (0.895)	0.493 (0.892)	0.493 (0.891)	0.495 (0.885)	0.500 (0.88)	0.497 (0.889)	0.501 (0.873)	0.504 (0.871)	0.502 (0.871)	0.497 (0.881)	9
四川	0.488 (0.899)	0.485 (0.904)	0.487 (0.904)	0.485 (0.908)	0.489 (0.896)	0.495 (0.892)	0.493 (0.898)	0.493 (0.893)	0.502 (0.88)	0.497 (0.886)	0.491 (0.896)	10
安徽	0.486 (0.906)	0.483 (0.911)	0.481 (0.915)	0.484 (0.911)	0.487 (0.902)	0.488 (0.905)	0.49 (0.904)	0.491 (0.896)	0.495 (0.894)	0.493 (0.894)	0.488 (0.904)	11
河南	0.479 (0.914)	0.481 (0.909)	0.488 (0.901)	0.485 (0.904)	0.49 (0.891)	0.49 (0.895)	0.495 (0.891)	0.49 (0.893)	0.492 (0.893)	0.491 (0.892)	0.488 (0.898)	12
湖南	0.478 (0.914)	0.485 (0.906)	0.482 (0.911)	0.481 (0.913)	0.484 (0.904)	0.488 (0.901)	0.49 (0.901)	0.493 (0.891)	0.498 (0.886)	0.495 (0.888)	0.487 (0.901)	13
福建	0.479 (0.91)	0.481 (0.908)	0.481 (0.91)	0.480 (0.912)	0.487 (0.898)	0.486 (0.904)	0.488 (0.902)	0.487 (0.898)	0.495 (0.889)	0.491 (0.893)	0.485 (0.903)	14
陕西	0.481 (0.908)	0.478 (0.916)	0.476 (0.912)	0.48 (0.91)	0.487 (0.898)	0.483 (0.907)	0.484 (0.909)	0.479 (0.91)	0.483 (0.909)	0.481 (0.909)	0.481 (0.909)	15
河北	0.473 (0.926)	0.471 (0.928)	0.472 (0.927)	0.473 (0.929)	0.474 (0.923)	0.473 (0.929)	0.48 (0.921)	0.482 (0.912)	0.481 (0.917)	0.481 (0.914)	0.476 (0.922)	16

续表

城市	2010 年	2011 年	2012 年	2013 年	2014 年	2015 年	2016 年	2017 年	2018 年	2019 年	均值	排名
黑龙江	0.466 (0.934)	0.465 (0.938)	0.467 (0.934)	0.466 (0.935)	0.463 (0.939)	0.461 (0.946)	0.463 (0.946)	0.459 (0.947)	0.460 (0.950)	0.459 (0.948)	0.463 (0.941)	17
重庆	0.461 (0.941)	0.459 (0.944)	0.459 (0.946)	0.460 (0.948)	0.46 (0.942)	0.463 (0.942)	0.467 (0.939)	0.463 (0.938)	0.464 (0.939)	0.463 (0.938)	0.462 (0.941)	18
吉林	0.462 (0.941)	0.458 (0.949)	0.457 (0.949)	0.458 (0.952)	0.456 (0.95)	0.458 (0.95)	0.461 (0.949)	0.460 (0.947)	0.461 (0.948)	0.46 (0.947)	0.459 (0.948)	19
江西	0.457 (0.951)	0.455 (0.956)	0.455 (0.956)	0.458 (0.951)	0.457 (0.95)	0.461 (0.947)	0.465 (0.942)	0.463 (0.939)	0.469 (0.932)	0.466 (0.935)	0.46 (0.946)	20
内蒙古	0.459 (0.949)	0.46 (0.948)	0.461 (0.948)	0.46 (0.951)	0.46 (0.947)	0.459 (0.953)	0.46 (0.953)	0.454 (0.955)	0.457 (0.955)	0.455 (0.954)	0.458 (0.951)	21
广西	0.454 (0.954)	0.457 (0.951)	0.455 (0.956)	0.455 (0.955)	0.455 (0.953)	0.455 (0.958)	0.458 (0.956)	0.454 (0.956)	0.457 (0.955)	0.455 (0.955)	0.455 (0.955)	22
山西	0.457 (0.949)	0.455 (0.955)	0.455 (0.955)	0.455 (0.954)	0.452 (0.958)	0.454 (0.961)	0.454 (0.963)	0.451 (0.962)	0.453 (0.961)	0.452 (0.961)	0.454 (0.958)	23
云南	0.447 (0.967)	0.449 (0.966)	0.45 (0.966)	0.45 (0.966)	0.448 (0.966)	0.449 (0.968)	0.454 (0.963)	0.449 (0.964)	0.453 (0.962)	0.451 (0.962)	0.450 (0.965)	24

续表

城市	2010 年	2011 年	2012 年	2013 年	2014 年	2015 年	2016 年	2017 年	2018 年	2019 年	均值	排名
贵州	0.442 (0.965)	0.447 (0.966)	0.45 (0.964)	0.449 (0.968)	0.447 (0.967)	0.449 (0.969)	0.45 (0.97)	0.447 (0.968)	0.449 (0.968)	0.448 (0.967)	0.448 (0.967)	25
新疆	0.445 (0.972)	0.445 (0.973)	0.446 (0.972)	0.445 (0.974)	0.445 (0.97)	0.446 (0.973)	0.447 (0.975)	0.443 (0.975)	0.445 (0.976)	0.446 (0.975)	0.445 (0.973)	26
甘肃	0.441 (0.979)	0.442 (0.976)	0.443 (0.979)	0.444 (0.979)	0.443 (0.974)	0.445 (0.977)	0.447 (0.976)	0.447 (0.968)	0.452 (0.964)	0.448 (0.965)	0.445 (0.973)	27
宁夏	0.441 (0.982)	0.441 (0.982)	0.44 (0.982)	0.442 (0.98)	0.44 (0.981)	0.444 (0.979)	0.445 (0.979)	0.442 (0.977)	0.443 (0.98)	0.442 (0.978)	0.442 (0.98)	28
海南	0.435 (0.988)	0.436 (0.986)	0.441 (0.981)	0.438 (0.986)	0.435 (0.99)	0.439 (0.987)	0.441 (0.986)	0.439 (0.983)	0.442 (0.982)	0.44 (0.982)	0.438 (0.985)	29
青海	0.436 (0.982)	0.435 (0.988)	0.437 (0.99)	0.439 (0.984)	0.437 (0.987)	0.439 (0.988)	0.441 (0.987)	0.437 (0.987)	0.44 (0.985)	0.438 (0.985)	0.438 (0.986)	30
全国	0.509 (0.882)	0.507 (0.884)	0.506 (0.886)	0.507 (0.887)	0.509 (0.881)	0.509 (0.885)	0.51 (0.886)	0.508 (0.884)	0.508 (0.884)	0.508 (0.883)	0.508 (0.884)	—

附表4　　　　2011～2020年成渝绵科创走廊创新投入与创新效果数据

城市	年份	创新投入					创新效果								
		创新人才投入	研发经费投入		技术转移				技术应用					
					科技成果				经济效益					
		R&D人员全时当量（人/年）	R&D经费（亿元）	R&D项目数（项）	有效发明专利数（件）	技术合同数（项）	技术合同交易额（亿元）	规模以上工业企业营业收入（亿元）	高技术产业产值（亿元）	高技术产业营业收入（亿元）	高技术产业新产品销售收入（亿元）	高技术产业新产品销售收入占营业收入比例（%）	高技术产业出口额（亿元）	高技术产业出口额占营业收入比例（%）
成都	2011年	36652	139.539	19459	21236	8450	57.400	7214.330	954.234	3442.565	280.663	8.153	114.555	3.328
	2012年	45380	170.197	22310	32563	9739	96.300	9341.430	3320.026	4086.030	285.990	6.999	143.889	3.521
	2013年	51846	200.974	25259	33256	10665	119.700	10783.980	3662.360	4814.702	367.260	7.628	164.858	3.424
	2014年	59377	219.532	26807	31935	10163	147.900	10234.610	4288.109	5708.468	486.751	8.527	199.317	3.492
	2015年	62202	257.568	28856	44852	9791	236.300	10726.370	4645.081	5766.431	509.406	8.834	150.366	2.608
	2016年	65941	289.100	31111	41309	10177	261.800	11864.260	4224.551	5743.903	546.323	9.511	1053.955	18.349
	2017年	79351	331.300	37301	41370	11334	362.700	12488.880	4234.840	5927.595	738.975	12.467	1711.740	28.877
	2018年	88811	392.300	43577	57604	12887	946.700	11468.000	4259.902	6360.980	616.762	9.696	1921.536	30.208
	2019年	91244	452.500	48253	50872	10507	1152.400	13995.130	4522.052	7032.400	818.217	11.635	1919.336	27.293
	2020年	101526	551.399	48330	42114	16943	1144.500	14966.490	6118.656	9042.085	629.320	6.960	2701.719	29.879

续表

| 城市 | 年份 | 创新投入 | | | 创新效果 | | | | | | | | | |
| | | 创新人才投入 | 研发经费投入 | | 科技成果 | 技术转移 | | | 技术应用 | | 经济效益 | | | |
		R&D人员全时当量（人/年）	R&D经费（亿元）	R&D项目数（项）	有效发明专利数（件）	技术合同数（项）	技术合同交易额（亿元）	规模以上工业企业营业收入（亿元）	高技术产业产值（亿元）	高技术产业营业收入（亿元）	高技术产业新产品销售收入（亿元）	高技术产业新产品销售收入占营业收入比例（%）	高技术产业出口额（亿元）	高技术产业出口额占营业收入比例（%）
重庆	2011 年	40698	128.356	19375	41070	3336	71.500	11382.344	234.724	1236.766	383.428	31.002	15.082	1.219
	2012 年	46115	159.797	21796	53383	3538	54.000	12880.322	1202.432	1442.773	200.812	13.918	53.353	3.698
	2013 年	52612	176.491	24792	66208	5071	168.000	15581.779	1502.338	1762.219	152.238	8.639	34.759	1.972
	2014 年	58354	201.853	28462	73780	4072	175.400	18688.628	1731.123	2021.376	458.454	22.680	58.366	2.887
	2015 年	61520	247.001	30181	94975	2706	145.700	20902.243	1710.932	2071.789	1310.504	63.255	38.392	1.853
	2016 年	68055	302.183	34864	116201	2094	257.400	23467.032	1858.728	2203.304	1103.404	50.080	218.645	9.924
	2017 年	79149	364.631	40925	121604	2129	121.700	20772.410	2917.187	3465.123	1799.661	51.936	317.249	9.155
	2018 年	91973	410.209	47135	140064	2988	266.200	20244.078	2507.074	3157.361	1233.910	39.080	233.679	7.401
	2019 年	97602	469.571	52345	158176	3822	150.400	21047.246	3065.402	3374.472	1330.400	39.425	1010.234	29.938
	2020 年	69843	372.561	59736	187340	3515	117.800	23052.140	3659.613	4210.326	1717.860	40.801	1159.629	27.543

续表

| 城市 | 年份 | 创新投入 | | | 创新效果 | | | 技术应用 | | | 经济效益 | | | |
| | | 创新人才投入 | 研发经费投入 | | 技术转移 | 科技成果 | | | | | | | | |
		R&D人员全时当量（人/年）	R&D经费（亿元）	R&D项目数（项）	有效发明专利数（件）	技术合同数（项）	技术合同交易额（亿元）	规模以上工业企业营业收入（亿元）	高技术产业产值（亿元）	高技术产业营业收入（亿元）	高技术产业新产品销售收入（亿元）	高技术产业新产品销售收入占营业收入比例（%）	高技术产业出口额（亿元）	高技术产业出口额占营业收入比例（%）
绵阳	2011年	12335	24.440	3408	1362	1492	43.700	1705.120	222.733	891.527	49.157	5.514	10.936	1.227
	2012年	16290	83.085	10891	1712	1918	14.900	1811.130	1077.756	854.304	139.611	16.342	14.000	1.639
	2013年	21361	95.435	11995	2846	2134	52.000	1979.560	1127.848	909.176	174.399	19.182	15.644	1.721
	2014年	19769	103.236	12606	3071	1828	73.400	2115.450	1239.015	957.975	228.896	23.894	18.034	1.883
	2015年	21228	118.964	13328	4367	1471	59.500	2307.290	1357.252	1067.138	235.281	22.048	19.134	1.793
	2016年	22178	128.144	13790	4890	1432	43.100	2450.810	1532.989	1205.458	242.159	20.089	137.795	11.431
	2017年	26821	135.588	15266	4749	1519	57.000	2737.430	1612.368	1316.597	302.434	22.971	141.616	10.756
	2018年	28480	152.371	16925	6651	2305	57.500	2731.110	853.401	1404.591	239.552	17.055	149.677	10.656
	2019年	30460	186.260	19862	6382	2725	63.800	3015.570	824.909	1504.928	336.798	22.380	165.819	11.018
	2020年	29727	215.037	5607	9786	3027	72.100	3230.570	846.994	1445.745	159.050	11.001	196.419	13.586

附表 5　2011～2020 年成渝绵科创走廊创新环境数据

城市	年份	创新环境					
		政府支持		产学研合作程度	创新载体	经济环境	
		政府研发经费投入（亿元）	政府资金占研发经费内部支出的比例（%）	企业对高等学校研发投入（亿元）	高新技术企业数（个）	人均 GDP（万元）	
成都	2011 年	23.407	0.168	16.203	807	4.944	
	2012 年	26.941	0.158	11.944	851	5.762	
	2013 年	40.058	0.199	13.187	1073	6.398	
	2014 年	37.845	0.172	14.664	1175	7.002	
	2015 年	36.992	0.144	17.859	1681	7.427	
	2016 年	31.200	0.108	18.505	2050	7.696	
	2017 年	33.124	0.100	20.006	2405	8.691	
	2018 年	34.687	0.088	21.882	3053	9.698	
	2019 年	48.653	0.108	22.284	4078	10.334	
	2020 年	42.020	0.076	42.780	2678	8.570	

续表

城市	年份	政府支持		产学研合作程度	创新载体	经济环境
		政府研发经费投入（亿元）	政府资金占研发经费内部支出的比例（%）	企业对高等学校研发投入（亿元）	高新技术企业数（个）	人均GDP（万元）
重庆	2011年	20.143	0.157	4.169	56	3.502
	2012年	23.057	0.144	7.886	90	3.955
	2013年	24.113	0.137	7.313	148	4.405
	2014年	23.251	0.115	6.561	280	4.906
	2015年	36.451	0.148	10.417	329	5.340
	2016年	46.798	0.155	13.065	431	5.943
	2017年	50.751	0.139	11.170	552	6.554
	2018年	69.731	0.170	11.547	671	6.990
	2019年	35.110	0.075	11.923	546	7.583
	2020年	77.250	0.207	57.070	978	7.820

续表

城市	年份	政府支持		创新环境		经济环境
		政府研发经费投入（亿元）	政府资金占研发经费内部支出的比例（%）	企业对高等学校研发投入（亿元） 产学研合作程度	高新技术企业数（个） 创新载体	人均GDP（万元）
绵阳	2011年	4.527	0.185	0.540	29	2.456
	2012年	59.462	0.716	0.398	32	2.732
	2013年	50.849	0.533	0.440	26	3.157
	2014年	63.705	0.617	0.489	31	3.424
	2015年	72.582	0.610	0.595	44	3.665
	2016年	80.453	0.628	0.520	83	4.086
	2017年	79.764	0.588	0.530	103	4.797
	2018年	96.862	0.636	0.639	112	5.392
	2019年	115.705	0.621	0.710	151	5.869
	2020年	126.100	0.586	0.820	196	6.940

附表6　分散下成渝绵区域创新生态系统各指标权重

城市	子系统	一级指标	二级指标	二级权重	系数
成都	技术投入系统	创新人才投入	R&D 人员全时当量	0.602	0.167
		研发经费投入	R&D 经费	0.398	
	技术转移系统	科技成果	R&D 项目数	0.239	0.289
			有效发明专利数	0.153	
			技术合同数	0.151	
			技术合同交易额	0.457	
	技术应用系统	经济效益	高技术产业收入占营业收入比例	0.191	0.291
			高技术产业产值	0.093	
			规模以上工业新产品占营业收入比例	0.213	
			规模以上工业企业出口额占营业收入比例	0.503	
	创新环境系统	政府支持	政府资金占 R&D 经费内部支出的比例	0.158	0.253
		产学研合作	企业对高等学校研发投入	0.219	
		创新载体	高新技术企业数	0.410	
		经济环境	人均 GDP	0.213	

续表

城市	子系统	一级指标	二级指标	二级权重	系数
重庆	技术投入系统	创新人才投入	R&D人员全时当量	0.545	0.172
		研发经费投入	R&D经费	0.455	
	技术转移系统	科技成果	R&D项目数	0.252	0.305
			有效发明专利数	0.294	
			技术合同数	0.254	
			技术合同交易额	0.201	
	技术应用系统	经济效益	高技术产业收入占营业收入比例	0.162	0.309
			高技术产业产值	0.131	
			规模以上工业新产品占营业收入比例	0.191	
			规模以上工业企业出口额占营业收入比例	0.516	
	创新环境系统	政府支持	政府资金占R&D经费内部支出的比例	0.151	0.214
		产学研合作	企业对高等校研发投入	0.210	
		创新载体	高新技术企业数	0.343	
		经济环境	人均GDP	0.296	

续表

城市	子系统	一级指标	二级指标	二级权重	系数
绵阳	技术投入系统	创新人才投入	R&D 人员全时当量	1.035	0.165
		研发经费投入	R&D 经费	-0.035	
	技术转移系统	科技成果	R&D 项目数	0.105	0.303
			有效发明专利数	0.355	
			技术合同数	0.526	
			技术合同交易额	0.014	
	技术应用系统	经济效益	高技术产业收入占营业收入比例	0.209	0.306
			高技术产业产值	0.048	
			规模以上工业新产品占营业收入比例	0.023	
			规模以上工业企业出口额占营业收入比例	0.720	
	创新环境系统	政府支持	政府资金占企业 R&D 经费内部支出的比例	0.011	0.226
		产学研合作	企业对高等学校研发投入	0.023	
		创新载体	高新技术企业数	0.768	
		经济环境	人均 GDP	0.198	

附表 7　分散下成渝绵科创走廊生态系统耦合协调情况

城市	年份	创新投入系统综合序参量	创新效果子系统综合序参量	创新环境子系统综合序参量	耦合度	综合评价指数	耦合协调度
成都	2011	0.012	0.171	0.049	0.011	0.031	0.019
	2012	0.015	0.181	0.048	0.014	0.033	0.021
	2013	0.018	0.211	0.058	0.015	0.038	0.024
	2014	0.020	0.246	0.059	0.013	0.045	0.024
	2015	0.025	0.299	0.063	0.011	0.055	0.024
	2016	0.031	0.400	0.073	0.007	0.073	0.022
	2017	0.035	0.403	0.097	0.014	0.073	0.032
	2018	0.043	0.449	0.176	0.029	0.082	0.049
	2019	0.049	0.482	0.172	0.031	0.088	0.052
	2020	0.049	0.532	0.233	0.028	0.097	0.052

续表

城市	年份	创新投入系统综合序参量	创新效果子系统综合序参量	创新环境子系统综合序参量	耦合度	综合评价指数	耦合协调度
重庆	2011	0.011	0.081	0.023	0.048	0.015	0.027
	2012	0.014	0.107	0.018	0.020	0.020	0.020
	2013	0.017	0.150	0.029	0.019	0.028	0.023
	2014	0.022	0.172	0.035	0.025	0.032	0.028
	2015	0.027	0.173	0.028	0.028	0.032	0.030
	2016	0.033	0.176	0.033	0.048	0.033	0.040
	2017	0.037	0.231	0.018	0.005	0.043	0.015
	2018	0.042	0.207	0.072	0.134	0.040	0.073
	2019	0.039	0.216	0.119	0.141	0.041	0.076
	2020	0.048	0.349	0.086	0.040	0.065	0.051

续表

城市	年份	创新投入系统综合序参量	创新效果子系统综合序参量	创新环境子系统综合序参量	耦合度	综合评价指数	耦合协调度
绵阳	2011	0.000	0.024	0.059	0.000	0.004	0.000
	2012	0.000	0.033	0.069	0.000	0.006	0.000
	2013	0.002	0.031	0.067	0.001	0.006	0.002
	2014	0.002	0.050	0.068	0.002	0.009	0.004
	2015	0.004	0.058	0.061	0.007	0.010	0.009
	2016	0.005	0.051	0.065	0.017	0.009	0.013
	2017	0.007	0.052	0.061	0.049	0.010	0.022
	2018	0.009	0.072	0.074	0.042	0.013	0.024
	2019	0.010	0.075	0.067	0.064	0.014	0.030
	2020	0.011	0.082	0.070	0.062	0.015	0.031

附表 8　　　　一体化下成渝绵科创走廊区域间耦合协调情况

年份	成都综合综合序参量	重庆综合序参量	绵阳综合序参量	耦合度	综合评价指数	耦合协调度
2011	0.000	0.000	0.000	0.991	0.000	0.006
2012	0.043	0.033	0.091	0.418	0.055	0.151
2013	0.080	0.061	0.147	0.531	0.094	0.224
2014	0.113	0.091	0.141	0.871	0.114	0.315
2015	0.142	0.124	0.169	0.933	0.144	0.367
2016	0.171	0.173	0.186	0.994	0.176	0.418
2017	0.235	0.239	0.234	1.000	0.236	0.485
2018	0.297	0.301	0.264	0.985	0.288	0.533
2019	0.337	0.349	0.314	0.991	0.334	0.575
2011	0.094	0.064	0.039	0.569	0.067	0.195
2012	0.067	0.101	0.085	0.885	0.084	0.273
2013	0.124	0.107	0.076	0.833	0.103	0.293
2014	0.127	0.112	0.111	0.982	0.117	0.339
2015	0.151	0.186	0.154	0.960	0.165	0.398
2016	0.144	0.241	0.179	0.815	0.189	0.393
2017	0.175	0.242	0.210	0.924	0.209	0.440

续表

年份	成都综合综合序参量	重庆综合序参量	绵阳综合序参量	耦合度	综合评价指数	耦合协调度
2018	0.214	0.294	0.266	0.926	0.259	0.489
2019	0.271	0.218	0.326	0.886	0.269	0.488
2011	0.010	0.037	0.020	0.293	0.023	0.082
2012	0.057	0.054	0.086	0.818	0.065	0.231
2013	0.088	0.107	0.142	0.839	0.112	0.306
2014	0.107	0.123	0.165	0.860	0.131	0.335
2015	0.127	0.149	0.161	0.958	0.145	0.373
2016	0.173	0.192	0.204	0.979	0.190	0.431
2017	0.249	0.189	0.232	0.943	0.222	0.458
2018	0.287	0.221	0.246	0.948	0.250	0.487
2019	0.293	0.273	0.264	0.992	0.277	0.524

附表 9　一体化下成渝绵科创走廊区域间各子系统耦合协调情况

年份	创新投入系统综合序参量	创新效果系统综合序参量	创新环境系统综合序参量	耦合度	综合评价指数	耦合协调度
2011	0.000	0.005	0.001	0.000	0.005	0.000
2012	0.016	0.088	0.010	0.016	0.088	0.038
2013	0.029	0.148	0.022	0.034	0.148	0.071
2014	0.038	0.144	0.034	0.120	0.144	0.132
2015	0.048	0.181	0.057	0.184	0.181	0.183
2016	0.059	0.197	0.075	0.275	0.197	0.233
2017	0.080	0.243	0.094	0.314	0.243	0.276
2018	0.099	0.434	0.117	0.121	0.434	0.229
2019	0.114	0.432	0.130	0.176	0.432	0.275
2020	0.135	0.431	0.238	0.371	0.431	0.400

参 考 文 献

[1] 钟坚.日本筑波科学城发展模式分析 [J].经济前沿，2001（09）：31-34.

[2] 周娟.Kista 科学城创新创业集群发展模式及启示 [J].中国科技论坛，2011（06）：151-156.

[3] 卫平，高小燕.中国大学科技园发展模式转变研究——基于北京、上海、武汉等多地大学科技园调查及中外比较分析 [J].科技管理研究，2019，39（21）：20-25.

[4] 肖刚.广州市科学城及其规划建设的思索 [J].城市规划汇刊，1999（01）：25-27+80.

[5] 张俊.创新导向下高科技园区的规划管控研究 [D].广州：华南理工大学，2019.

[6] 张秉耀.怀柔科学城信息化管理服务策略研究 [D].北京：北京邮电大学，2018.

[7] 简新华，聂长飞.中国高质量发展的测度：1978—

2018 [J]. 经济学家, 2020 (06): 49 – 58.

[8] 刘浩, 马琳, 李国平. 中国城市全要素生产率的演化格局及其影响因素 [J]. 地理研究, 2020, 39 (04): 880 – 891.

[9] 樊杰, 王亚飞, 王怡轩. 基于地理单元的区域高质量发展研究——兼论黄河流域同长江流域发展的条件差异及重点 [J]. 经济地理, 2020, 40 (01): 1 – 11.

[10] 樊杰, 王亚飞, 梁博. 中国区域发展格局演变过程与调控 [J]. 地理学报, 2019, 74 (12): 2437 – 2454.

[11] 魏敏, 李书昊. 新时代中国经济高质量发展水平的测度研究 [J]. 数量经济技术经济研究, 2018, 35 (11): 3 – 20.

[12] 李汝资, 刘耀彬, 王文刚, 等. 长江经济带城市绿色全要素生产率时空分异及区域问题识别 [J]. 地理科学, 2018, 38 (09): 1475 – 1482.

[13] 金碚. 关于"高质量发展"的经济学研究 [J]. 中国工业经济, 2018 (04): 5 – 18.

[14] 陆大道. 中速增长: 中国经济的可持续发展 [J]. 地理科学, 2015, 35 (10): 1207 – 1219.

[15] 刘建国, 李国平, 张军涛, 等. 中国经济效率和全要素生产率的空间分异及其影响 [J]. 地理学报, 2012, 67 (08): 1069 – 1084.

[16] 钞小静, 任保平. 中国经济增长质量的时序变化与地区差异分析 [J]. 经济研究, 2011, 46 (04): 26 – 40.

[17] 高培勇. 理解、把握和推动经济高质量发展 [J]. 经

济学动态, 2019 (08): 3 - 9.

[18] 余冬筠, 金祥荣. 创新主体的创新效率区域比较研究 [J]. 科研管理, 2014, 35 (03): 51 - 57.

[19] 叶一军, 顾新, 李晖, 等. 跨行政区域创新体系下创新主体间协同创新模式研究 [J]. 科技进步与对策, 2014, 31 (16): 29 - 33.

[20] 易平涛, 李伟伟, 郭亚军. 基于指标特征分析的区域创新能力评价及实证 [J]. 科研管理, 2016, 37 (S1): 371 - 378.

[21] 田桂玲. 区域创新链、创新集群与区域创新体系探讨 [J]. 科学学与科学技术管理, 2007 (07): 197 - 198.

[22] 范旭, 刘伟. 基于创新链的区域创新协同治理研究——以粤港澳大湾区为例 [J]. 当代经济管理, 2020, 42 (08): 54 - 60.

[23] 郑小碧. 区域创新平台的供给与定价机制研究 [J]. 研究与发展管理, 2015, 27 (01): 14 - 23.

[24] 王红云, 王雪妮, 赵彦云. 中关村科学城企业创新力及其影响因素研究 [J]. 软科学, 2016, 30 (10): 1 - 5.

[25] 徐赛, 安璐. 雄安新区区域创新体系建设: 经验借鉴与方向 [J]. 未来与发展, 2018, 42 (09): 100 - 104 + 74.

[26] 龙开元. 跨行政区创新体系建设初探 [J]. 中国科技论坛, 2004 (06): 50 - 54.

[27] 蔺雷, 吴家喜, 王萍. 科技中介服务链与创新链的共生耦合: 理论内涵与政策启示 [J]. 技术经济, 2014, 33

（06）：7 - 12 + 25.

［28］毛艳华. 科创走廊建设的国际经验及借鉴［J］. 人民论坛，2022（10）：92 - 95.

［29］鲁继通. 京津冀区域协同创新能力测度与评价——基于复合系统协同度模型［J］. 科技管理研究，2015，35（24）：165 - 170 + 182.

［30］毛汉英. 京津冀协同发展的机制创新与区域政策研究［J］. 地理科学进展，2017，36（01）：2 - 14.

［31］方创琳. 京津冀城市群协同发展的理论基础与规律性分析［J］. 地理科学进展，2017，36（01）：15 - 24.

［32］侯赟慧，刘志彪，岳中刚. 长三角区域经济一体化进程的社会网络分析［J］. 中国软科学，2009（12）：90 - 101.

［33］付丙海，谢富纪，韩雨卿. 创新链资源整合、双元性创新与创新绩效：基于长三角新创企业的实证研究［J］. 中国软科学，2015（12）：176 - 186.

［34］刘潇忆，王承云. 长三角地区科创走廊建设模式研究［J］. 科技与经济，2019，32（01）：16 - 20.

［35］辜胜阻，曹冬梅，杨嵋. 构建粤港澳大湾区创新生态系统的战略思考［J］. 中国软科学，2018（04）：1 - 9.

［36］叶林，宋星洲. 粤港澳大湾区区域协同创新系统：基于规划纲要的视角［J］. 行政论坛，2019，26（03）：87 - 94.

［37］周凯. 我国区域创新中心发展模式探析［J］. 学术论坛，2012，35（07）：125 - 132.

［38］邓草心，刘钒. 基于学习型区域的高新区创新发展模

式研究 [J]. 科技进步与对策, 2014, 31 (23): 43 – 46.

[39] 崔新健, 崔志新. 区域创新体系协同发展模式及其政府角色 [J]. 中国科技论坛, 2015 (10): 86 – 91.

[40] 吴建南, 郑烨, 徐萌萌. 创新驱动经济发展: 美国四个城市的多案例研究 [J]. 科学学与科学技术管理, 2015, 36 (09): 21 – 30.

[41] 王业强, 郭叶波, 赵勇, 等. 科技创新驱动区域协调发展: 理论基础与中国实践 [J]. 中国软科学, 2017 (11): 86 – 100.

[42] 叶斌, 陈丽玉. 区域创新网络的共生演化仿真研究 [J]. 中国软科学, 2015 (04): 86 – 94.

[43] 唐开翼, 欧阳娟, 甄杰, 任浩. 区域创新生态系统如何驱动创新绩效? ——基于 31 个省市的模糊集定性比较分析 [J]. 科学学与科学技术管理, 2021, 42 (07): 53 – 72.

[44] 柳卸林, 吉晓慧, 杨博旭. 城市创新生态系统评价体系构建及应用研究——基于"全创改"试点城市的分析 [J]. 科学学与科学技术管理, 2022, 43 (05): 63 – 84.

[45] 雷雨嫣, 陈关聚, 刘启雷. 高技术产业创新生态系统的创新生态位适宜度及演化 [J]. 系统工程, 2018, 36 (02): 103 – 111.

[46] 余泳泽, 胡山. 中国经济高质量发展的现实困境与基本路径: 文献综述 [J]. 宏观质量研究, 2018, 6 (04): 1 – 17.

[47] 陈川, 许伟. 以人民为中心的高质量发展理论内涵

[J]. 宏观经济管理, 2020（03）：15－20.

[48] 赵剑波, 史丹, 邓洲. 高质量发展的内涵研究 [J]. 经济与管理研究, 2019, 40（11）：15－31.

[49] 张军扩, 侯永志, 刘培林, 等. 高质量发展的目标要求和战略路径 [J]. 管理世界, 2019, 35（07）：1－7.

[50] 高培勇, 袁富华, 胡怀国, 等. 高质量发展的动力、机制与治理 [J]. 经济研究参考, 2020（12）：85－100.

[51] 王彦博, 姚黎. 全国科技创新中心的科技创新能力评价研究——以我国 31 个省区市比较分析为例 [J]. 科技管理研究, 2020, 40（03）：1－7.

[52] 刘桂昌, 付祖珍. 农地污染防治法律制度的审思与完善——基于创新生态系统理论视角 [J]. 东北农业大学学报（社会科学版）, 2019, 17（03）：50－56.

[53] 黄鲁成. 区域技术创新生态系统的特征 [J]. 中国科技论坛, 2003（01）：23－26.

[54] 祁明, 林晓丹. 基于 TRIZ 论区域创新生态系统的构建 [J]. 科技管理研究, 2009, 29（09）：444－446.

[55] 王仁文. 基于绿色经济的区域创新生态系统研究 [D]. 合肥：中国科学技术大学, 2014.

[56] 芦冬青. 基于结构洞理论的区域创新生态系统创新动力机制研究 [J]. 西昌学院学报（自然科学版）, 2018, 32（01）：50－55＋110.

[57] 张仁开. 上海创新生态系统演化研究 [D]. 上海：华东师范大学, 2016.

［58］孔伟，张贵，李涛．中国区域创新生态系统的竞争力评价与实证研究［J］．科技管理研究，2019，39（04）：64－71．

［59］陈雅诗，刘明广．基于CAS理论的区域创新生态系统演化研究［J］．科技和产业，2016，16（09）：50－52＋64．

［60］李晓娣，张小燕．我国区域创新生态系统共生及其进化研究——基于共生度模型、融合速度特征进化动量模型的实证分析［J］．科学学与科学技术管理，2019，40（04）：48－64．

［61］甄美荣，江晓壮，杨晶照．国家级高新区创新生态系统适宜度与经济绩效测度［J］．统计与决策，2020，36（13）：67－72．

［62］金莉，周婷婷，李佳馨，等．生态位适宜度能否影响公共研发组织的创新效率？——基于区域比较的实证分析［J］．中国软科学，2021（07）：143－151．

［63］刘和东，陈洁．创新系统生态位适宜度与经济高质量发展关系研究［J］．科技进步与对策，2021，38（11）：1－9．

［64］李晓娣，张小燕．区域创新生态系统共生对地区科技创新影响研究［J］．科学学研究，2019，37（05）：909－918＋939．

［65］孙卫东．科技型中小企业创新生态系统构建、价值共创与治理——以科技园区为例［J］．当代经济管理，2021（05）：14－22．

［66］张淑谦，傅建敏．区域创新生态系统组成及其结构模型探究［J］．新西部（下旬·理论），2014（04）：42．

［67］胡曙虹，黄丽，杜德斌．全球科技创新中心建构的实

践——基于三螺旋和创新生态系统视角的分析：以硅谷为例 [J]. 上海经济研究，2016（03）：21-28.

[68] 刘雪芹，张贵. 创新生态系统：创新驱动的本质探源与范式转换 [J]. 科技进步与对策，2016，33（20）：1-6.

[69] 王淑英，常乐，张水娟，等. 创新生态系统、溢出效应与区域创新绩效——基于空间杜宾模型的实证研究 [J]. 哈尔滨商业大学学报（社会科学版），2019（01）：107-116+128.

[70] 马宗国，丁晨辉. 国家自主创新示范区创新生态系统的构建与评价——基于研究联合体视角 [J]. 经济体制改革，2019（06）：60-67.

[71] 刘钒，张君宇，邓明亮. 基于改进生态位适宜度模型的区域创新生态系统健康评价研究 [J]. 科技管理研究，2019，39（16）：1-10.

[72] 王鸽，朱建文. 皖北地区创新生态系统健康度评价研究 [J]. 安徽工业大学学报（社会科学版），2019，36（03）：25-29.

[73] 李林凤. 高新区创新创业生态系统绩效评价研究 [D]. 绵阳：西南科技大学，2019.

[74] 王德起，何晶彦，吴件. 京津冀区域创新生态系统：运行机理及效果评价 [J]. 科技进步与对策，2020，37（10）：53-61.

[75] 欧光军，杨青，雷霖. 国家高新区产业集群创新生态能力评价研究 [J]. 科研管理，2018，39（08）：63-71.

[76] 赵炎，徐悦蕾. 上海市张江高新区创新能力评价研究

[J]. 科研管理, 2017, 38 (S1): 90 – 97.

[77] 汤临佳, 郑伟伟, 池仁勇. 智能制造创新生态系统的功能评价体系及治理机制 [J]. 科研管理, 2019, 40 (07): 97 – 105.

[78] 纪慰华. 新型城镇化上海浦东的实践与创新 [M]. 上海: 上海人民出版社, 2018: 210.

[79] 林子华, 黄新焕. 区域虚拟科技园区的模式选择及效率探析——基于区域生产力促进中心创新服务的视角 [J]. 福建师范大学学报 (哲学社会科学版), 2013 (03): 92 – 97 + 105.

[80] 刘思峰, 曾波, 刘解放, 等. GM(1, 1)模型的几种基本形式及其适用范围研究 [J]. 系统工程与电子技术, 2014, 36 (03): 501 – 508.

[81] 黄鲁成. 区域技术创新系统研究: 生态学的思考 [J]. 科学学研究, 2003 (02): 215 – 219.

[82] 刘平峰, 张旺. 创新生态系统共生演化机制研究 [J]. 中国科技论坛, 2020 (02): 17 – 27.

[83] 李佳钰, 张贵, 李涛. 创新生态系统的演化机理分析——基于知识内能视角 [J]. 系统科学学报, 2021, 29 (01): 87 – 91.

[84] 陈志宗. 基于超效率 – 背景依赖 DEA 的区域创新系统评价 [J]. 科研管理, 2016, 37 (S1): 362 – 370.

[85] 苏屹, 安晓丽, 王心焕, 等. 人力资本投入对区域创新绩效的影响研究——基于知识产权保护制度门限回归 [J]. 科学学研究, 2017, 35 (05): 771 – 781.

[86] 苏屹，安晓丽，雷家骕．基于耦合度门限回归分析的区域创新系统 R&D 投入对创新绩效的影响 [J]．系统管理学报，2018，27（04）：729-738．

[87] 岳鹄，张宗益．R&D 投入、创新环境与区域创新能力关系研究：1997～2006 [J]．当代经济科学，2008（06）：110-116+126．

[88] 霍明，胡继连，赵伟，等．山东省 R&D 投入对区域技术效率的影响作用研究——基于 17 地市面板数据的实证分析 [J]．华东经济管理，2015，29（09）：22-29．

[89] 张贵，吕长青．基于生态位适宜度的区域创新生态系统与创新效率研究 [J]．工业技术经济，2017，36（10）：12-21．

[90] 郝英杰，潘杰义，龙昀光．区域创新生态系统知识能力要素协同性评价——以深圳市为例 [J]．科技进步与对策，2020，37（07）：130-137．

[91] 曾国屏，苟尤钊，刘磊．从"创新系统"到"创新生态系统" [J]．科学学研究，2013，31（01）：4-12．

[92] 李晓娣，张小燕．区域创新生态系统对区域创新绩效的影响机制研究 [J]．预测，2018，37（05）：22-28+55．

[93] 孙丽文，李跃．京津冀区域创新生态系统生态位适宜度评价 [J]．科技进步与对策，2017，34（04）：47-53．

[94] 孙艳艳，苗润莲，李梅，等．京津冀创新生态系统资源整合模式、路径和机制研究 [J]．中国科技论坛，2020（06）：112-122．

［95］苏屹，姜雪松，雷家骕，等．区域创新系统协同演进研究［J］．中国软科学，2016（03）：44-61．

［96］李嘉文，居占杰．粤西区域科技协同创新研究［J］．科技和产业，2021，21（10）：49-54．

［97］任海英，程善宝，黄鲁成．基于系统动力学的新兴技术产业化策略研究［J］．科研管理，2013，34（05）：21-31．

［98］张丽丽，贺舟，李秀婷．基于系统动力学的新疆旅游业可持续发展研究［J］．管理评论，2014，26（07）：37-45．

［99］李宇佳，张向先，张克永．用户体验视角下的移动图书馆用户需求研究——基于系统动力学方法［J］．图书情报工作，2015，59（06）：90-96+119．

［100］姜钰，贺雪涛．基于系统动力学的林下经济可持续发展战略仿真分析［J］．中国软科学，2014（01）：105-114．

［101］肖仁俊，董志，李秀婷，等．新疆能源可持续发展的系统动力学模型与分析［J］．管理评论，2014，26（08）：31-41．

［102］张俊荣，王孜丹，汤铃，等．基于系统动力学的京津冀碳排放交易政策影响研究［J］．中国管理科学，2016，24（03）：1-8．

［103］陈恒，初国刚，侯建．基于系统动力学的产学研合作培养创新人才动力机制研究［J］．管理学报，2018，15（04）：548-556．

［104］王之禹，李富强，万相昱．城市发展与区域创新耦合协调度的时空格局研究［J］．数量经济研究，2021，12

(04)：112 - 126.

[105] 杨建，方浩．区域创新能力与高质量发展的耦合评价研究 [J]．技术经济与管理研究，2022 (06)：35 - 40.

[106] 解学梅．协同创新效应运行机理研究：一个都市圈视角 [J]．科学学研究，2013，31 (12)：1907 - 1920.

[107] 余泳泽．中国区域创新活动的"协同效应"与"挤占效应"——基于创新价值链视角的研究 [J]．中国工业经济，2015 (10)：37 - 52.

[108] 毕可佳，胡海青，张道宏．孵化器编配能力对孵化网络创新绩效影响研究——网络协同效应的中介作用 [J]．管理评论，2017，29 (04)：36 - 46.

[109] 唐清泉，巫岑．基于协同效应的企业内外部 R&D 与创新绩效研究 [J]．管理科学，2014，27 (05)：12 - 23.

[110] 王文华，张卓，蔡瑞林．开放式创新组织间协同管理影响知识协同效应研究 [J]．研究与发展管理，2018，30 (05)：38 - 48.

[111] 王海花，孙芹，郭建杰，等．长三角城市群协同创新网络演化动力研究：基于指数随机图模型 [J]．科技进步与对策，2021，38 (14)：45 - 53.

[112] 张晓平，刘卫东．全球化、跨国公司投资与地区发展关系研究进展 [J]．地理科学进展，2003，22 (06)：627 - 638.

[113] 张紧跟．论粤港澳大湾区建设中的区域一体化转型 [J]．学术研究，2018 (07)：58 - 65 + 177.

[114] 陈航航，贺灿飞，毛熙彦．区域一体化研究综述：尺度、联系与边界 [J].热带地理，2018，38（01）：1－12.

[115] 罗守贵．协同治理视角下长三角一体化的理论与实践 [J].上海交通大学学报（哲学社会科学版），2022，30（02）：36－45.

[116] 许泽宁，陈子韬，甄茂成．区域一体化政策对城市高学历人才分布的影响与作用机制——以长三角地区为例 [J].地理研究，2022，41（06）：1540－1553.

[117] 叶堂林，李国梁，任绍铭，等．区域一体化战略能有效提升创新扩散环节溢出效应吗——以京津冀城市群为例 [J].科技进步与对策，2022（16）：77－86.

[118] 许斌丰．技术创新链视角下长三角三省一市区域创新系统协同研究 [D].合肥：中国科学技术大学，2018.

[119] 魏奇锋，徐霞，杨彩琳，杨力．成渝地区双城经济圈科技创新与经济高质量发展耦合协调度研究 [J].科技进步与对策，2021，38（14）：54－61.

[120] 陈邑早，黄诗华，王圣媛．我国区域创新生态系统运行效率：基于创新价值链视角 [J].科研管理，2022，43（07）：11－19.

[121] 赵彦飞，陈凯华，李雨晨．创新环境评估研究综述：概念、指标与方法 [J].科学学与科学技术管理，2019，40（01）：89－99.

[122] 岑晓腾，苏竣，黄萃．基于耦合协调模型的区域科技协同创新评价研究——以沪嘉杭 G60 科技创新走廊为例 [J].

浙江社会科学，2019（08）：26－33，155－156.

[123] 朱巍，张景，安然，等. 产学研创新系统耦合协调度及影响因素研究——以湖北省为例 [J]. 情报工程，2020，6（03）：92－104.

[124] 武柏宇，彭本红，刘军等. 中国制造业科技创新能力的影响因素 [J]. 中国科技论坛，2016（08）：23－30.

[125] 谭开明，魏世红. 中国技术市场发展的影响因素及对策研究 [J]. 技术与创新管理，2010，31（01）：56－60.

[126] 王伟. 我国经济高质量发展评价体系构建与测度研究 [J]. 宁夏社会科学，2020（06）：82－92.

[127] 李培楠，赵兰香，万劲波. 创新要素对产业创新绩效的影响——基于中国制造业和高技术产业数据的实证分析 [J]. 科学学研究，2014，32（04）：604－612.

[128] 李建辉. 科技活动的综合发展水平测度与分析 [J]. 世界科技研究与发展，2019，41（03）：317－327.

[129] 姚王信，孙婷婷，叶慧芬. 面向"十三五"的产学研结合科技创新资源配置效果评价 [J]. 科技进步与对策，2015，32（01）：123－127.

[130] 李晋. 政府R&D投入的视角探究技术创新产出能力 [D]. 乌鲁木齐：新疆大学，2013.

[131] 原长弘，孙会娟. 政产学研用协同与高校知识创新链效率 [J]. 科研管理，2013，34（04）：60－67.

[132] 谢泗薪，胡伟. 经济高质量发展与科技创新耦合协调：以京津冀地区为例 [J]. 统计与决策，2021，37（14）：

93 – 96.

[133] 李胜会，朱绍棠．科技评价是否有效促进了区域科技创新？——基于政策驱动的视角 [J]．科研管理，2021，42（07）：11 – 21.

[134] 唐晓华，张欣珏，李阳．中国制造业与生产性服务业动态协调发展实证研究 [J]．经济研究，2018，53（03）：79 – 93.

[135] 徐晔，陶长琪，丁晖．区域产业创新与产业升级耦合的实证研究——以珠三角地区为例 [J]．科研管理，2015，36（04）：109 – 117.

[136] 卢志滨，王要武．区域物流系统与区域经济系统耦合发展的评价 [J]．统计与决策，2015（18）：63 – 65.

[137] Adner R. Match your innovation strategy to your innovation ecosystem [J]. Harvard Business Review, 2006, 84（4）：98 – 107.

[138] Adner R, Kapoor R. Value creation in innovation ecosystems：How the structure of technological interdependence affects firm performance in new technology generations [J]. Strategic Management Journal, 2010, 31（3）：306 – 333.

[139] Butler J, Gibson D. Research universities in the framework of regional innovation ecosystem：The case of Austin, Texas [J]. Foresight and STI Governance, 2013, 7（2）：42 – 57.

[140] Moore J. F. Predators and Prey：A new ecology of competition [J]. Harvard Business Review, 1993, 71（3）：74 – 80.

[141] Ozgur Dedehayir, Saku J. Mäkinen, J. Roland Ortt. Roles during innovation ecosystem genesis: A literature review [J]. Technological Forecasting and Social Change, 2018, 136: 18 – 29.

[142] Gawer, Annabelle. Bridging differing perspectives on technological platforms: Toward an integrative framework [J]. Research Policy, 2014, 43 (7): 1239 – 1249.

[143] Dattée, Brice, Alexy, Oliver, Autio, Erkko. Maneuvering in poor visibility: How firms play the ecosystem game when uncertainty is high [J]. Academy of Management Review, 2018, 61 (2): 466 – 498.

后　记

目前，我国的创新驱动发展战略仍处于推进阶段，符合我国国情的区域创新理论研究范围、内涵以及模式等尚处于持续探索之中，加上本人研究水平、精力和时间等有限，以及数据获取具有一定难度。因此，本书基于现有创新生态系统理论与方法开展了探索性研究，更多的机理、模式、观点、政策建议还有待进一步探索和实践检验，研究中难免有不足之处，希望各位专家不吝赐教。

在研究过程中，通过实地走访、查阅、借鉴和引用了大量文献资料、数据，对比分析了我国部分省市、科学城等发展历程，收集整理了《中国高技术产业统计年鉴》《中国科技统计年鉴》《中国火炬统计年鉴》等；在本书撰写作过程中，参阅了大量专著、期刊、政策等，笔者已尽可能在参考文献中列出，在此，笔者对这些文献资料的官方机构、作者表示真诚的感谢，书中引用标注如有遗漏，还请海涵。

书稿撰写也是对研究生教学改革实践的探索，其中重庆工商大学硕士生卢琅、王梅、曾钦舟、陈启浩等先后进行大量的资料收集、调研、数据汇总与计算等工作；另外，在本书出版过程中，得到了国家社科基金一般项目（21BGL060）、重庆市重大决策咨询研究课题（2018ZB－10）、重庆市技术预见与制度创新项目（CSTB2023TFII－OFX0010、CSTB2022TFII－OFX0014、cstc2020jsyj－yzysbAX0028）、重庆市教委科学技术研究计划项目（KJZD－K20210080）、重庆市研究生教育教学改革研究项目（yjg193102）、重庆工商大学研究生教育教学改革研究项目（2023YJG0210）、第六批重庆市研究生教育优质课程——技术经济学（yyk193008）、重庆市研究生联合培养基地建设项目（yjd193006）等资助，还得到了经济科学出版社编辑的大力支持，在此一并表示感谢。

在研究的过程中，得到了教育部人文社科重点研究基地——长江上游经济研究中心、重庆现代商贸物流与供应链协同创新中心等多个单位、研究平台的支持。研究过程积累的数据、方法与模型、案例等，发表的学术论文等已经作为重庆工商大学研究生开展创新与创业研究的重要参考资料；在研究报告的完成和修改过程中，还得到了四川大学博士生导师顾新教授等大力支持，在此一并表示感谢。

龙　跃

2023 年 10 月于重庆